gerichte und gedichte

kochen mit kunst & poesie

angelika anna przybilla

bibliografische information der deutschen nationalbibliothek
die deutsche nationalbibliothek verzeichnet diese publikation in der deutschen nationalbibliografie; detaillierte bibliografische daten sind im internet unter http://dnb.d-nb.de abrufbar.

verlag	© buch & kunstverlag oberpfalz
auflage	erste auflage, oktober 2015
rezepte	angelika przybilla und freunde
zeichnungen	© isabella przybilla
digitale bearbeitung	anja sippl (moose und britta)
layout und satz	fabian baumgartner
redaktion	petra stenger
fotografie	andreas kreuzer (repro), daniela hottner (porträt)
druck	frischmann druck und medien
isbn	978-3-95587-022-5

FSC www.fsc.org MIX Paper from responsible sources FSC® C014539

klimaneutral powered by ClimatePartner°
Druck | ID 11114-1508-1005

dieses buch ist gewidmet

der liebe zum leben
der liebe zur kunst
der liebe zur poesie
der liebe zum guten essen
der liebe zu den menschen
der liebe zu sich selbst
der liebe
der liebe
der liebe
und moose und britta

dieses buch gehört

____

herzlichst von

____

autorenporträt

ich male, schreibe, koche gern. liebe die gesellschaft freundlicher menschen. mag das bunte und das schöne und so entstand das buch als eine mischung aus allem, was mir am herzen liegt. ich lebe in aschach, einem kleinen dorf bei amberg in der oberpfalz. mit mann und hund miela. tochter isabella (zeichnerin von „moose und britta") ist schon in die welt hinausgezogen, kommt aber immer wieder gerne heim zu mama und nimmt stets ein paar tricks und rezepte mit in ihre küche. mein herz schlägt sehr für bio, regional, saisonal, slow food und nachhaltigkeit und ich möchte deshalb vor allem junge menschen zu bewusstem umgang mit lebensmitteln anregen.

multidisziplinär wie so viele frauen, bin ich nach meinem sprachenstudium, während hausfrauen- und mutterjahren, immer auch gleichzeitig als schmuckdesignerin[1], galeristin[2] und im praxismanagement unterwegs gewesen. dennoch konnte mich keine noch so hektische lebensphase davon abhalten, in unzähligen nächtlichen sessions zu malen, collagen herzustellen, gedichte und geschichten zu schreiben, dem schönen und poetischen raum zu lassen und es in die welt zu bringen. ich hoffe, den lesern ein kleines lächeln ins gesicht zu zaubern, wenn sie meine lieblingsrezepte ausprobieren und natürlich freue ich mich ganz besonders, wenn ihnen das gut schmeckt, was ich gerne für mich und meine freunde zubereite und koche!

1 www.jafmore.com
2 hausgalerie 09621/14812 – bestellung von künstlerisch wertvollen reproduktionen (acryl auf leinwand) des bilderzyklus „moose und britta" – stichwort: küchenpoesie

einleitung

der elch moose ([mu:s] = amerik. elch) liebt britta, die bärenfrau. die beiden wissen das. doch manchmal trennt sie das leben, weil moose, der elch, so gerne auf reisen geht. auf all seinen reisen lernt er, wie glücklich einfache gerichte und essen mit freunden machen können. die sehnsucht nach seiner britta führt ihn schließlich zurück in die arme der bärenfrau. happy end in der oberpfalz, flittern in den marken. was für eine liebesgeschichte!

und weil moose & britta und auch die autorin gerne frisch kochen und gesundes genießen, hier unser plädoyer für bio, slow food, regionale und saisonale lebensmittel.

bio? ja !!! weil das huhn, welches dein frühstücksei gelegt hat, glücklich und in gedanken versunken im waldboden scharren und fröhlich gackernd über eine wiese stolzieren soll. es soll ein gesundes und glänzendes federkleid tragen und nicht in legebatterien zerfleddert werden. genauso gut soll es allen anderen tieren zu lebzeiten gehen dürfen. das ist bei bio weitestgehend garantiert.

slow food? ja !!! die erdbeere in deinem mund soll umhüllt sein von sonne, licht und wasser – nicht von pestiziden. das gemüse in deinem topf soll auch nach gemüse schmecken. der salat, in den du beißt, soll knackig und fest sein, nicht lasch von übereilter aufzucht.

regional und saisonal? ja !!! du sollst dinge essen, die von verantwortungsbewussten nahrungsmittelherstellern auf nachhaltige weise produziert wurden und nach dem schmecken, woraus sie sind. brot nach natursauer – gemüse und kräuter intensiv – zutaten ohne geschmacksverstärker – zucker und salz ohne raffinade – alles ohne gentechnik! – keine antibiotika im tierfleisch! – lieber mal auf irgendwas anderes verzichten – aber dafür mit großem vergnügen *gutes* essen! bitte möglichst keine lebensmittel wegwerfen, sondern andere, neue wege suchen (z.b. geschickte resteverwertung oder foodsharing)!

moose & britta und die autorin sind sich einig: gegen massentierhaltung und lange tiertransporte – gegen raubbau an der natur – gegen gentechnik – gegen atomkraft – gegen den unfug, alles in plastik zu packen!!!

frisch & saisonal kochen! regionales verwenden!
langsam, achtsam & genussvoll essen !!!!!!!

angelika anna przybilla

gedichte

moose und britta – die geschichte in 12 bildern

gerichte

moose und britta – rezepte

lieblingsrezepte

lieblingsrezepte – bio & slow, regional & saisonal

moose und britta

die geschichte in 12 bildern

nun geht's los auf kulinarische weltreise mit dem elch namens moose. immer wieder zieht es ihn heirn zur bärenfrau britta. immer wieder wird gekocht und gespeist, allein, gemeinsam und mit freunden … bis zum happy end: moose und britta heiraten in der oberpfalz und flittern in den italienischen marken.

moose in lappland

liebesreise zu britta

moose muss rosen lieben und schönes reifes obst
und rote birnen vor allen dingen
moose muss dich stets daran erinnern,
dass auch du rosen liebst
und weiße schnecken in ihren kleinen häusern
und rote gekochte birnen, die noch kein mus sind,
sondern noch ein wenig biss haben,
nach zimt riechen und dich glücklich machen.
moose weiß immer, was gut für dich ist
und bist du traurig, holt er dir eine weiße birne
und drei rosa rosen aus dem kühlschrank.
moose weiß stets, was frauen wollen
und schaut er dich mit seinen großen augen an,
weißt du schon, dass er soeben erkannt hat,
dass dich nur ein schneckenfräulein glücklich
machen kann, das heute abend für dich
‚la paloma' singt. dazu serviert moose
chocomousse und fällt dir stürmisch in die arme.
so schön ist die liebe.
glaube stets daran, dass so ein moose dich
wirklich glücklich machen kann.

moose muss rosen lieben
und schönes reifes obst und
rote birnen vor allen Dingen
moose muss dich stets daran
erinnern, dass auch du rosen
liebst und weiße Schnecken
in ihren kleinen Häusern
und rote gekochte birnen,
die noch kein Mus sind,
sondern noch ein wenig
Biss haben, nach Zimt riech
und dich glücklich ma
moose weiß immer, was
gut für dich ist und bist
du traurig, holt er dir
eine weiße Birne und
rosa Rosen aus dem Kühl-
schrank. Moose weiß stets,
was Frauen wollen und schaut
er dich mit seinen großen augen an,
weißt du schon, dass er soeben erkannt hat
dass dich nur ein schneckenfräulein glück-
lich machen kann, das heute Abend
für dich 'La Paloma' singt. Dazu
serviert moose chocomousse
und fällt dir stürmisch in
die Arme. So schön ist die Liebe.
Glaube stets daran, dass
so ein moose dich
wirklich glücklich machen
kann.

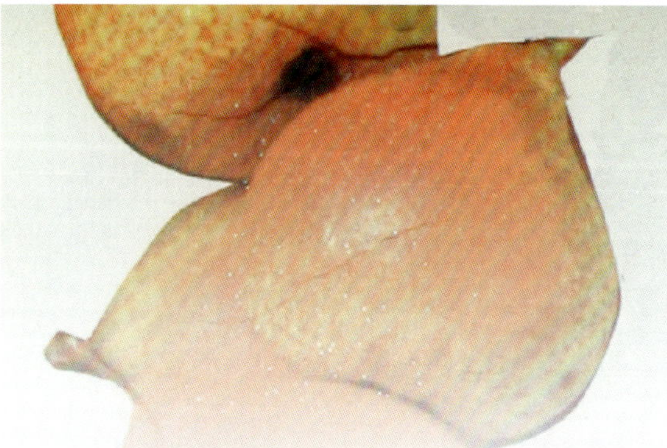

chocomousse mit rot gekochten birnen

ein bisschen aufwändiger zuzubereiten, jedoch mit liebe, geduld und moose-muße von jedem hinzukriegen

zutaten rot gekochte birnen (4 pers.)

- 4 bio-birnen
- 1 – 2 zimtstangen
- 50 ml wasser
- 1 tl rohrohrzucker
- einen schuss rotwein oder roten fruchtsaft
- ½ tl speisestärke

zutaten chocomousse (4 pers.)

- 150 g zartbitterschokolade 70 %
- ca. 50 ml starken gekochten kaffee (auch koffeinfrei)
- 3 ganz frische bio-eigelbe
- 20 g vanillezucker
- 100 g süße bio-sahne
- 3 bio-eiweiß
- 4 el rohrohrzucker
- 1 b bio-schlagsahne

deko

- himbeeren oder gummibärchen

einzigartig zarter, schokoladiger birnentraum

zubereitung

chocomousse

die schokolade in stücke brechen und in heißem wasserbad schmelzen. dann den kaffee einrühren. die eigelbe und den vanillezucker mit dem rührstab so lange schlagen, bis sich der zucker völlig aufgelöst hat. masse unter die schokolade rühren. darauf achten, dass die masse noch lauwarm ist. die sahne mit dem gesäuberten rührstab steif schlagen und vorsichtig unter die schokoladen-ei-masse heben. das eiweiß zusammen mit dem zucker ebenfalls steif schlagen und vorsichtig unterheben. die mousse in eine schüssel füllen und abgedeckt im kühlschrank mindestens sechs stunden kühlen lassen. sehr bald „auffuttern" wegen der frischen rohen eier!

rot gekochte birnen

die bio-birnen (am besten aus opas garten) schälen, kerne raus, vierteln, in wenig wasser zusammen mit den zimtstangen höchstens 10 minuten köcheln. je nach geschmack rohrohrzucker zugeben. für erwachsene mit etwas rotwein aufgießen (für kinder roten fruchtsaft) und kurz aufkochen. wenn gewünscht, etwas speisestärke zugeben und mit kleinem rührbesen klumpenfrei verdicken. schlagsahne steif schlagen und im kühlschrank zwischenlagern. himbeeren im garten pflücken oder gekaufte waschen. gummibärchentüte öffnen.

einen großen weißen teller mit puderzucker bestäuben (siebdose) und mit einem esslöffel eierförmige klößchen der chocomousse abnehmen und zusammen mit den birnen, ein wenig roter soße, den himbeeren und der schlagsahne hübsch anrichten. die gummibärchen in einem minigläschen dazustellen, damit sie nicht matschig werden (das wäre ja schade!).

moose auf mallorca

wo die zitronen wachsen

moose liebt gummibärchen
und britta die bärenfrau frägt ihn täglich,
liebst du ein wenig auch mich so wie
ich dich aus der ferne hab ein wenig gerne?
und moose weiß ganz genau, er mag die dicke bärenfrau
und rosen mit zitronengeschmack
und teerosen mit gummibärchenrosakugeln
und so allerlei was aus dem wald kommt
und im garten wächst.

britta sagt er komm lass uns ein wenig dösen
in der sonne unterm baum und träum mit mir
den zitronentraum.

honig naschen inklusive.

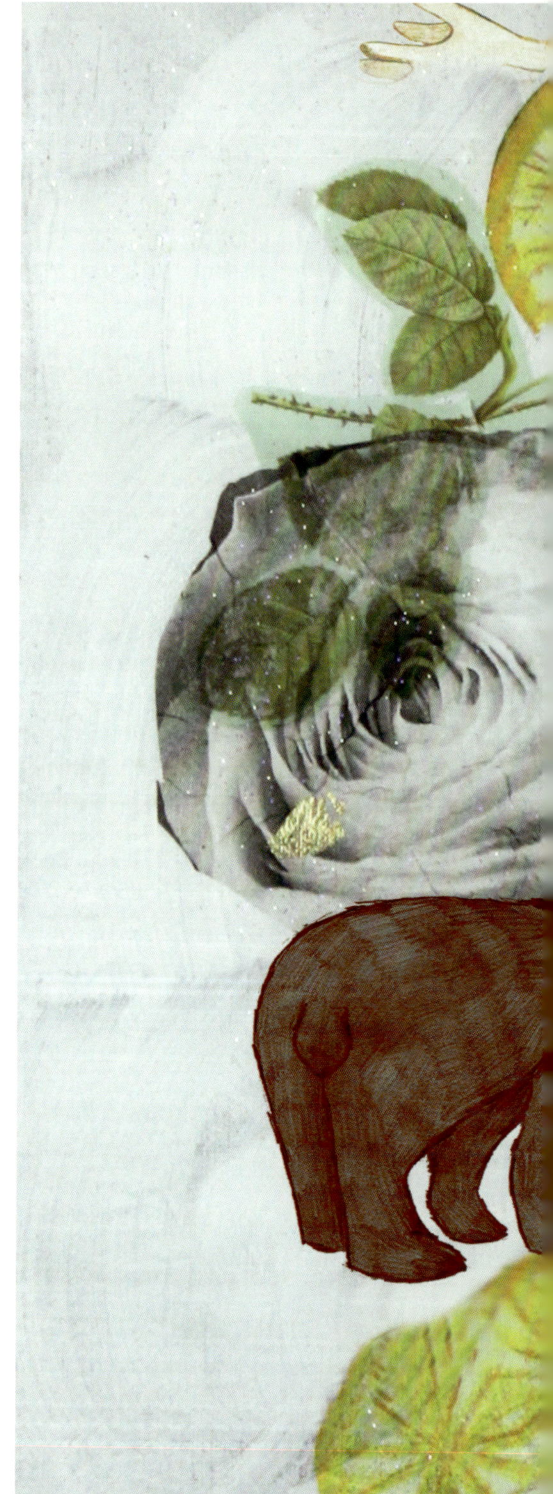

moose liebt gummibärchen
und britta die bärenfrau
frägt ihn täglich, liebst du
ein wenig auch mich so wie
ich dich aus der ferne hab
ein wenig gerne? und moose
weiß ganz genau, er mag die
dicke bärenfrau und rosen
mit zitronengeschmack und tee-
rosen mit gummibärchenrosakugeln
und so allerlei was aus dem wald
kommt und im gart-en wächst.
britta sagt er komm laß uns
ein wenig dösen in der sonne unterm
baum und träum mit mir den
zitronentraum. honig
naschen in-
klusive.

zutaten (4 pers.)

- 500 g bio-naturjoghurt 3,5 % oder 1,5 %
- feinen akazien-bienenhonig vom bio-imker
- walnüsse, wenn möglich vom nussbaum in der nachbarschaft
- 1 bio-zitrone

joghurt mit honig und walnüssen

an zitronenscheibe

zubereitung

ein oder mehrere hübsche keramikschälchen mit bio-naturjoghurt füllen, akazien-bienenhonig drüberträufeln und einige walnusskerne draufstreuen. nach geschmack zur deko eine zitronenscheibe daneben legen. mutige pressen den saft auf das joghurt.

tipp

wer keine walnüsse verträgt, kann auch die milderen pinienkerne oder klein gehackte paranüsse nehmen. nussallergiker streuen z.b. schokostreusel drauf.

erfrischend, honigbärig, gesund

moose in china

fudschi mit der schlüsselblume

moose begegnet fudschi dem drachen im kirschblütenland.
dort sind die schlüsselblumen der schlüssel zum lebenselixier
die beiden schlürfen dort wein und bier,
manchmal essen sie dazu tomate und mozarella oder genießen
frische kürbissuppe mit ingwer und möhrchen.

moose mag fudschi gern, er ist sein freund
und isst mit stäbchen.

fudschi dagegen liebt sehr seine geisha und
schmust auch mal gerne mit nem süßen drachen

na so einer!

adjeu, mon vagabond chinois.

moose be-
gegnet fudschi
dem drachen
im kirsch-
blütenland. Dort
sind die schlüssel-
blumen der schlüssel zum
Lebenselixier. die beiden
schlürfen dort
wein und bier,
manchmal essen
sie dazu tomate & mozarella
oder genießen frische Kürbissuppe
mit Ingwer und möhrchen.
moose mag fudschi gern, er
ist sein freund und ißt mit
Stäbchen. fudschi dagegen liebt
sehr eine geisha und schmust
auchmal gerne mit nem süßen drachen.
Na so einer! Adjeu, mon
vagabond chinois.

zutaten (2 pers.)

- 1 bio-hokaidokürbis
- 2 zarte bio-möhren
- ¼ stange lauch oder 2 frühlingszwiebeln
- 1 cm stück frischen ingwer
- saft einer ½ bio-orange
- kräutersalz, pfeffer
- allzweckwürze
- gehackte frische gartenkräuter oder tk, z.b. petersilie, salbei, schnittlauch, thymian
- kürbiskerne
- kürbiskernöl
- rettichsprossen oder andere sprossen z.b. alfalfa, kresse, radieschen

kürbissuppe mit möhrchen und ingwer

schmusesüppchen für zwei gesundheitsbewusste

zubereitung

den kürbis waschen, den strunk oben und unten wegschneiden. kürbis halbieren, vierteln, in kleine stücke schneiden.

achtung: schale kann dran bleiben – kocht sich weich!!! allerdings nur die schale des hokaidokürbisses, bei anderen kürbisarten schale entfernen!

möhrchen schälen, ebenfalls in kleine stückchen schneiden und zu den kürbisstückchen geben. ein zehn-zentimeter-stück vom lauch oder eine bis zwei frühlingszwiebeln in kleine stücke schneiden und dazugeben. kürbis-, lauch- und möhrchenstücke in topf geben, mit wasser bedecken und nach geschmack allzweckwürze dazu. nach kurzem aufkochen 20 minuten weiterköcheln lassen, bis alles weich ist. topf weg von der herdplatte und mit dem rührstab fein pürieren.

saft von halber bio-orange am schluss dazu und ein wenig ingwer darüberraspeln, mit kräutersalz und frischem pfeffer aus der mühle abschmecken und frische gartenkräuter draufstreuen. sehr gut dazu: rettichsprossen! ein muss: kürbiskerne in pfännchen ohne öl anrösten (wenn sie knacken, sind sie fertig!) und mit einem hauch kürbiskernöl auf die suppe geben.

tipp
suppe schmeckt auch ohne ingwer und orangensaft. prima variante: kerne können kurz mit sojasoße „abgelöscht“ werden (pfanne danach schnell von herdplatte nehmen).

sämig, cremig, lieblingssuppe

moose in texas

bluesman tim

moose ist glücklich auf der reise,
überquert den großen teich und trifft in texas
seinen freund, den bluesman tim,
mit ihm verbindet ihn die leidenschaft
für schöne frauen und für die musik.
ein wenig wehmütig denkt er an britta,
die zuhause auf ihn wartet, doch auch hier
gibt es leckere muscheln und flotte zebradamen.
tim, sagt er, lass uns zur gitarre leise summen
und dem mond ein ständchen bringen.
das wetter war gut, der spargel zart
und wir beide bleiben freunde für's leben.
tim grinst sein breites südstaatengrinsen und
tippt moose ganz rhythmisch auf die schulter.

moose ist glücklich auf der reise, überquert den großen Teich und trifft in Texas seinen Freund, den bluesman Tim; mit ihm verbindet ihn die leidenschaft für schöne frauen und für die musik. ein wenig wehmütig denkt er an britta, die zuhause auf ihn wartet, doch auch hier gibt es leckere muscheln und flotte zebradamen. tim, sagt er, laß uns zur Gitarre leise summen und dem mond ein ständchen bringen. das wetter war gut, der spargel zart und wir beide bleiben freunde für's Leben. Tim grinst sein breites süd-staatengrinsen und tippt moose ganz rhythmisch auf die schulter.

zutaten (4 pers.)

- 2 bund schönen frischen spargel (am besten direkt vom spargelbauern! 1 bund weiß und 1 bund grün sind besonders hübsch)
- rohrohrzucker, salz, 1 el butter
- 2 – 4 karotten für kinder

- 8 gelbfleischige, mehlig kochende bio-kartoffeln (alternativ 1 p handgemachte bio-gnocchi, 10 – 15 salbeiblätter, 10 g butter), kräuter

- 4 lachsfilets aus nachhaltigem fischfang (tk oder frisch)
- salz, pfeffer, kräuter, olivenöl
- saft von 1 bio-zitrone
- frische oder tk-kräuter (z.b. schnittlauch, dill)

- frischen grünen blattsalat, radicchio, vinaigrette
- kräuterbutter oder 1 p sauce hollandaise

frischer spargel

mit knusprigen backkartoffeln und vornehmem lachs

zubereitung

den spargel nach dem kauf gleich in feuchte küchentücher rollen und im kühlfach aufbewahren! vor der zubereitung mit dem spargelschäler schön sauber schälen. spitzen dabei auslassen!!! grüner spargel muss kaum geschält werden. wenn überhaupt, dann nur von der mitte bis unten.

zwischenzeitlich reichlich wasser in großem topf oder speziellem spargeltopf mit siebeinsatz zum kochen bringen.

kartoffeln schälen, in kurze viertel schneiden, salzen, pfeffern, kräuter (z.b. petersilie, kerbel, italienische kräutermischung) drübergeben und mit gutem olivenöl aus biologischem anbau beträufeln, das ganze in der auflaufform wenden. ab in den auf 180 grad (umluft) vorgeheizten backofen und 20 minuten backen. ab und zu reinschauen. dürfen knusprig braun sein, jedoch nicht zu dunkel!

die gewaschenen und trocken getupften lachsfilets salzen, pfeffern und mit zitronensaft beträufeln. in eine feuerfeste form geben und neben die kartoffeln stellen. brauchen 20 minuten, ebenfalls bei 180 grad. bei kleinem backofen kann man kartoffeln und lachs auch nebeneinander auf ein geöltes backblech geben.

mittlerweile kocht das spargelwasser. eine prise salz und eine gute prise rohrohrzucker hineingeben, ebenso ein stückchen butter. den weißen spargel im siebeinsatz in den topf stellen, nach 10 minuten kommt der grüne spargel erst dazu, da er schneller gar ist. kochzeit insgesamt 20 minuten.

kinder lieben oft karotten. 2 – 4 geschälte ganze karotten mit dem spargel kochen.

alles ist gleichzeitig fertig. das schälen und schnippeln kann man gut mit freunden gemeinsam machen, da die arbeit schon ein wenig zeit in anspruch nimmt. der aufwand lohnt sich jedoch unbedingt!!!

während kartoffeln und lachs backen und der spargel weich kocht, kann man nach belieben einen bunten frühlingssalat anrichten. z.b. grünen blattsalat mit radicchio mischen und je nach geschmack orangenstückchen dazugeben oder pinienkerne. auch cocktailtomaten schmecken frisch dazu. den salat mit einer vinaigrette aus weißem balsamicoessig, öl, pfeffer, salz und etwas honig oder rohrohrzucker anmachen und liebevoll darübergießen.

zum spargel kann man entweder eine sauce hollandaise oder kräuterbutter reichen.
vor dem servieren über den spargel schnittlauchröllchen geben und zum lachs dillspitzen legen.

variante: als beilage kann man auch (am besten bio und handgemacht) gnocchi servieren. hierzu etwas butter in der pfanne zerlassen und mit einigen klein gehackten salbeiblättern ca. 5 minuten unter stetem wenden leicht anrösten. anstelle der backkartoffeln zum spargel legen. göttlich!!!

mmmhhh, mmmhhh, mmmhhh,
mmmhhh, mmmhhh

moose in indien?

buddha vom baumarkt

moose träumt von indien und ist ein wenig verwirrt.
er möchte gern ein butterbrot mit schnittlauchröllchen.
auch eine dampfende tasse kaffee wäre recht
mit buntem kekseallerlei.
nö!!!
diesmal nicht. wir machen's uns zuhause schön.
vom baumarkt ein buddha, ein äffchen aus dem zoo,
zwei flaschen rotwein sowieso.
britta komm rüber, wir machen's uns fein,
wir wollen heut' beide nicht alleine sein.
britta, die bärin ist glücklich,
sie nimmt ihr kätzlein unter den arm,
pflückt eine lila hortensie,
zimtsterne hat sie auch schon gebacken …
und ab geht's auf's sofa,
moose breitet schon die schaufeln aus …

moose träumt
von Indien und ist ein
wenig verwirrt. er möchte gern
ein butterbrot mit schnittlauchröllchen. Auch
dampfende tasse kaffee wäre recht mit buntem keksallerlei.
Indien? Schon wieder fort, ganz alleine ohne britta?
Diesmal nicht. wir machen's uns zuhause schön.
Baumarkt ein buddha, ein äffchen aus dem zoo,
Rotwein sowieso. Britta komm rüber, wir
machen's uns fein, wir wollen heut' beide nicht alleine
sein. Britta, die Bärin ist glücklich, sie nimmt ihr kätzlein
unter den Arm, pflückt eine lila hortensie, zimtsterne
hat sie auch gebacken ... und ab geht's
auf's sofa, moose breitet schon die
schaufeln aus...

zutaten (beliebig viele pers.)

- gutes frisches bauernbrot, dinkelkörnerbrot oder anderes lieblingsbrot
- frische bio-butter
- ein bund schnittlauch (am besten aus dem garten)
- kräutersalz

butterbrot mit schnittlauchröllchen

so was leckeres!

zubereitung

brot frisch in mitteldicke scheiben aufschneiden und mit butter bestreichen. schnittlauch waschen und in kleine röllchen schneiden, evtl. mit der kräuterschere. schnittlauchröllchen auf den butterbroten verteilen, etwas festdrücken und nach geschmack mit kräutersalz würzen.

dazu schmeckt ein glas kräftiger rotwein oder kühles bier. aber auch eine tasse kaffee als „kaffeebrotzeit". natürlich auch – wie bei moose: eine tasse darjeeling ceylon tee ... evtl. mit bio-zitronensaft.

einfach fein

moose in afrika

stolzer vogel strauß

nun, moose ist in afrika.
so viele wilde und interessante tiere
lauern im dickicht.
wow, ganz so toll hatte er sich das
ja gar nicht vorgestellt.
moose ist verliebt in die schönheit
der natur und in die zartheit der tiere.
wenn er hunger hat, isst er einfach ein
radieschen und denkt dabei an britta.
es zieht ihn wieder mal nach hause
zu seiner bärenfrau.
das kennt er ja schon.
der erpel frieder will auch heim
und so buchen sie den nächsten flug.
tschüss giraffe, adjeu stolzer vogel strauß.
in gedanken klappert die schlange
noch ziemlich lange.

nun, moose ist in Afrika.
So viele wilde und interessante Tiere lauern im
ickicht. Wow, ganz so toll hatte er sich das ja gar
rgestellt. moose ist verliebt in die schönheit der
nd in die zartheit der tiere. wenn er hunger hat,
einfach ein radieschen und denkt dabei an britta.
cht ihn wieder mal nach Hause zu seiner Bärenfrau,
ennt er ja schon; der Erpel frieder will auch heim und so
n sie den nächsten Flug. Tschüss Giraffe, adjeu
stolzer Vogel Strauß. In Gedanken klappert
die Schlange noch ziemlich lange.

zutaten (2 – 3 pers.)

- 2 bund frische bio-radieschen
- 1 apfel, 1 kleine rote zwiebel, evtl. 1 kleine chilischote
- salz, pfeffer, rohrohrzucker, olivenöl, weißen balsamicoessig
- vollkornbrötchen
- butter oder schmalz (z.b. holsteiner liesl)

deko

- gänseblümchen, **löwenzahn**blätter oder andere essbare blüten
- 1 tomate
- 1 scheibe toastbrot
- 1 el geriebenen parmesan

afrikanischer radieschensalat

also eigentlich bayerische radieserln ...
aber aus sehnsucht gegessen von moose in freier wildbahn

zubereitung

blätter von den radieschen entfernen. radieschen und einige radieschenblätter gründlich waschen. radieschen in dünne scheiben oder stifte schneiden. die blätter ganz klein hacken. zwiebel und apfel schälen und in kleine stückchen schneiden (evtl. chilischote vorsichtig ganz klein hacken).

mit einer vinaigrette aus salz, pfeffer, einer miniprise rohrohrzucker, olivenöl und weißem balsamicoessig anmachen, gut durchmischen und etwas ziehen lassen.

toastbrotscheibe würfeln. in etwas fett in kleiner pfanne hellbraun rösten. anschließend in parmesan wenden und auf angemachtem salat platzieren. vollkornbrötchen mit butter oder schmalz bestreichen und zum afrikanischen radieschensalat genießen. im frühjahr schön mit **löwenzahn**blättern (die afrikanische note!) und gänseblümchen garnieren.

köstlich, köstlich, knackig

moose in rosenheim

bayerisches voralpenland

nussnougatschnecken?
oder doch lieber erdbeerkuchen mit schlagsahne?
du weißt ganz genau,
dass ich dich liebe, flüstert britta ihm zu.
die beiden sind heute gemeinsam unterwegs.
scheu, aber durchaus neugierig auf heidi und peter
hier in den rosenheimer bergen.
der gamsbock meint, es wäre zeit,
den tortenboden zu backen.
alle anderen begnügen sich aber zunächst
mit einem kräftigen biss in einen frischen apfel.
hollerä, moose strolcht herum
und britta, ganz dame, folgt ihm durch's gebüsch.
oder ist es umgekehrt?

Nußnougatschnecken? Oder doch lieber
rdbeerkuchen mit schlagsahne? Du weißt
ganz genau, daß ich dich liebe, flüstert britta ihm
zu. Ja, Moose weiß das und deswegen sind
beiden heute gemeinsam unterwegs. Schon, aber durch-
neugierig auf heidi und peter hier in den rosenheimer
en. Der Gamsbock meint, es wäre Zeit, den Torten-
n zu backen. Alle anderen begnügen sich aber zunächst
inem kräftigen Biss in einen frischen Apfel. Holleră,
strolcht herum und britta, ganz dame, folgt ihm
's gebüsch. Oder ist es umgekehrt?

zutaten (ca. 10 stücke)

- 2 schalen frische bio-erdbeeren (selbstgepflückte sind am besten!)
- 125 g süßrahmbutter
- 100 g rohrohrzucker
- 1 bio-ei
- 150 g bio-dinkelmehl (oder weizenmehl)
- ½ tl weinsteinbackpulver
- 1 b bio-schlagsahne
- ½ p vanillezucker
- evtl. 1 msp zimt
- roter tortenguss oder agar-agar
- erdbeermarmelade
- 1 p vanillepuddingpulver

erdbeerkuchen mit schlagsahne

*erd**bäriges** wiedersehen*

zubereitung

die butter im töpfchen zerlassen, mit rohrohrzucker und bio-ei in einer schüssel schaumig rühren. das mit dem weinsteinbackpulver vermischte bio-dinkelmehl unterrühren. den teig in eine gut gefettete tortenbodenform mit 26 cm durchmesser streichen oder drücken (also mit den fingern reinbatzeln ... funktioniert hervorragend). in den auf 170 grad (umluft) vorgeheizten backofen schieben und ca. 25 minuten backen. tortenboden nach dem backen schön abkühlen lassen.

erdbeeren während der backzeit vom grünen strunk befreien, sauber waschen und halbieren, gut abtropfen lassen. abgekühlten tortenboden mit den erdbeeren schön kreisrund belegen. wer mag, kann vorher ein wenig erdbeermarmelade oder auch vanillepudding draufstreichen. roten tortenguss (normalen oder agar-agar) nach vorgabe kochen und noch heiß gleichmäßig auf den erdbeeren verteilen (tortenguss konserviert ein bisschen!). vor dem servieren schlagsahne mit vanillezucker und etwas zimt schlagen und dazu reichen!

fruuuuuuchtig

moose in wien

kaiserin, okapi und elefant

moose streift ganz alleine durch wien.
doch gute freunde der kaiserin:
das okapi martina und
hans, der elefant aus dem laden für kaiserliches porzellan,
lassen moose bei einer glamourösen paprikapfanne vergessen,
dass er ohne britta eigentlich nur
einem einsamen halbmond gleichen könnte.
sehnsucht, wo bist du?
britta, wen küsst du?
den schlüssel zu meinem herzen
findest nur du!

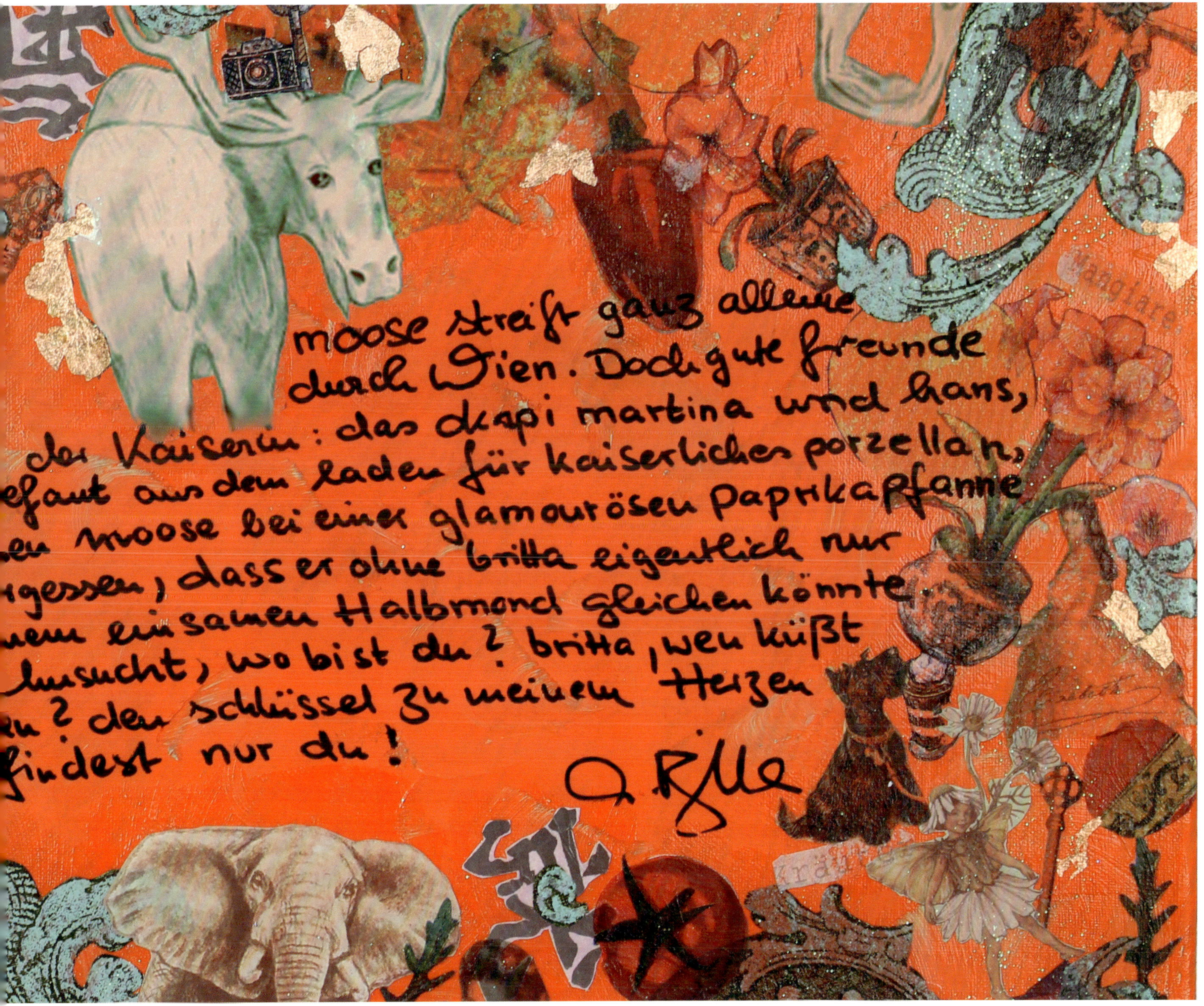
moose streift ganz alleine
durch Wien. Doch gute freunde
der Kaiserin: das okapi martina und hans,
efant aus dem laden für kaiserliches porzellan,
en moose bei einer glamourösen paprikapfanne
rgessen, dass er ohne britta eigentlich nur
nem einsamen Halbmond gleichen könnte.
hnsucht, wo bist du? britta, wen küßt
u? den schlüssel zu meinem Herzen
findest nur du!

zutaten (4 pers.)

- je 1 rote, 1 gelbe, 1 grüne bio-paprikaschote
- 1 bio-zucchini
- 2 – 3 schalotten
- bio-bratolivenöl
- 3 – 4 bio-putenschnitzel oder bio-schweineschnitzel oder veggie-taler
- salz, pfeffer, eingelegten grünen pfeffer
- 50 g getrocknete tomaten
- allzweckwürze
- 2 btl reis (wildreis, naturreis)
- 1 b sahne oder schmand
- rosmarin

glamouröse paprikapfanne

einsamer halbmond wird verwöhnt

zubereitung

paprikaschoten waschen, entkernen und ebenso wie zucchini in mundgerechte stücke schneiden. schalotten waschen und in kleine stücke schneiden. schnitzel gründlich waschen, trocken tupfen und in kleine stücke schneiden. getrocknete tomaten waschen und ebenfalls in kleine stückchen schneiden.

öl in beschichteter pfanne erhitzen. zuerst fleisch, dann die schalotten und getrockneten tomaten, danach paprika und zucchini zugeben und alles nach und nach anbraten. mit brühe (seite 109) ablöschen bzw. allzweckwürze draufstreuen und mit wasser ablöschen, salzen, pfeffern und nach geschmack die eingelegten grünen pfefferkörner zugeben.
ca. 20 minuten köcheln lassen und eventuell noch brühe zugeben. am schluss, wenn gewünscht, noch etwas sahne oder schmand bzw. sauerrahm einrühren.

tipp
vegetarier ersetzen schnitzelstreifen durch in kleine stücke geschittene gebratene veggie-taler.

hierzu schmeckt reis, aber auch salzkartoffeln sind gut. mit rosmarin garnieren.

ein wenig glamour steckt in jeder pfanne

moose und britta auf elba

die sanfte insel

elba, die sanfte insel der
frischen düfte!
patricio, der frisör und
seine tochter sylvia
lauschen zusammen mit moose und britta
kesse italienische musik.
kühle drinks und latte macchiato
umrahmen ein delikates menue.
urlaub vom feinsten.
und am dreiundzwanzigsten giugno ist
hochzeitstag!

Elba, die sanfte Insel der
frischen Düfte! Patricio, der
Frisör und seine tochter Sylvia
lauschen zusammen mit moose & britta
kesse italienische Musik. Kühle drinks
& latte macchiato umrahmen ein delikates
menue. urlaub vom feinsten. und am
reiundzwanzigsten giugno ist
zeitstag ♡

zutaten minestrone (4 pers.)

- 1 p gemischtes tk-minestrone-gemüse (oder frische weiße bohnen, kartoffeln, stangen-sellerie, karotten, erbsen, grüne bohnen, petersilie)
- allzweckwürze
- 1 p bio-gemüsetortellini
- reichlich kräuter (z.b. petersilie, liebstöckl, majoran)

zutaten backhendl (4 pers.)

- 1 schönes großes gockerl (bio oder vom metzger des vertrauens)
- 100 g grüne weintrauben zum füllen
- bio-butter, salz, pfeffer, paprika, allzweckwürze, 1 zwiebel, 1 bio-karotte, ½ bio-apfel
- evtl. gemischten salat, selleriesalat, meerrettich

elbanisches drei-gänge-menü

auf der insel kocht moose ein hendl

zubereitung

minestrone

in einem großen topf wasser zum kochen bringen. tiefkühl-minestronegemüse nach packungsanleitung kochen oder entsprechendes frisches gemüse gewaschen, geputzt und in kleine stücke geschnippelt ca. 15 minuten im kochenden wasser garen lassen. mit allzweckwürze würzen. kurz vor kochzeitende die tortellini ebenfalls nach packungsanleitung zugeben und mitkochen. suppe abschmecken. evtl. frische kräuter wie liebstöckl, petersilie oder ähnliches hinzufügen.

backhendl und bröslnudln

hendl richtig gründlich waschen und mit küchenkrepp trocken tupfen. hände danach mit seife abwaschen!!! dann das hendl rundherum und auch innen mit salz, pfeffer und mit etwas paprika gut einreiben. mit heiß abgewaschenen weintrauben füllen. das hinterteil des hendls mit holz- oder metallspießen verschließen. hendl gleich im bräter würzen und dann mit etwas wasser (boden gut bedeckt) und butter (geht aber auch ohne fett!) in die röhre schieben. bei 210 grad (umluft) ca. 60 minuten braten. immer wieder mit etwas brühe (siehe seite 109) begießen! vorsicht!!! heiß!!!!

20 minuten vor bratende breite nudeln im salzwasser nach packungsanleitung bissfest kochen. zwischenzeitlich in großer beschichteter pfanne ein stück butter zerlassen und die semmelbrösel einrieseln lassen. die brösel leicht dunkelbraun anrösten und bei bedarf noch etwas butter zugeben. die brösel salzen! die abgetropften nudeln in der bröselmasse wenden, evtl. nachsalzen.

das backhendl nach der bratzeit mit der geflügelschere in appetitliche stücke zerteilen. die soße durch ein sieb streichen. gemüsereste weggeben oder einfach alles drinlassen: schmeckt hervorragend!

die backhendlstücke mit einigen weintrauben und den bröslnudln auf einem großen flachen teller schön anrichten. hierzu schmeckt etwas meerrettich. als beilage kann man noch einen frischen gemischten salat oder selleriesalat reichen.

tiramisu (ohne ei)
espresso zubereiten, abkühlen lassen. sahne steif schlagen. mascarpone, quark, zucker, vanillezucker und zitronensaft zu einer cremigen masse verarbeiten. die geschlagene sahne unterheben. likör mit espresso verrühren. eine rechteckige glas- oder porzellanform schichtweise mit espresso beträufelten biskuits und der creme befüllen. die letzte schicht ist creme. dick mit kakao bestäuben.

über nacht kühl stellen. am nächsten tag schmeckt's durchgezogen am besten.

wenn das mal nicht richtig gut ist ...

wien, elba ...
hauptsache urlaubsfeeling

zutaten bröslnudln (4 pers.)

- 500 g breite bandnudeln
- ca. 150 g semmelbrösel
- 125 g butter
- salz

zutaten tiramisu (6 pers.)

- 400 g löffelbiskuits
- 200 g bio-schlagsahne
- 250 g mascarpone
- 250 g cremequark (40 %)
- 2 – 4 cl rohrohrzucker
- 2 el zitronensaft
- 1 p vanillezucker
- 10 el amarettolikör
- 5 – 6 tl espresso oder löslichen kaffee
- 4 el kakao

wenn möglich:
tiramisu am vorabend vorbereiten!

moose und britta in der oberpfalz

kochen mit freunden

ist man so viel auf reisen wie moose,
kann der weihnachtsmann manchesmal
direkt neben dem osterhasen wohnen …

doch moose ist stets guter dinge,
denkt an britta und daheim,
das weiß er schon recht gut,
gibt's frischen fenchelsalat mit salami
für ihn und seine freunde –
das schweißt zusammen.

so schreckt ihn kein tiger
und die möwe lacht ihn aus
und wohin geht er?
nach haus. nach haus!

man so viel auf reisen
ose, kann der weihnachtsmann
iesmal direkt neben dem osterhasen
en ... doch moose ist stets guter dinge,
t an britta und daheim, das weiß er
recht gut, gibt's frischen fenchelsalat
salami für ihn und seine freunde – das
ißt zusammen. so schreckt ihn kein tiger
nd die möwe lacht ihn aus und wohin
geht er? nach haus. nach haus!

zutaten (4 pers.)

- 2 – 3 frische mittlere bio-fenchel-knollen
- 3 große knoblauchzehen
- 1 bio-zitrone
- 1 rote zwiebel
- 1 bund frischer dill
- bio-olivenöl
- weißen balsamicoessig
- salz
- pfeffer
- 100 g dünn geschnittene luft-getrocknete salami (finocchiola oder mailänder salami)

karins frischer fenchelsalat mit luftgetrockneter salami

männer lieben diesen salat über alles

zubereitung

die fenchelknollen gründlich waschen und äußere harte fäden entfernen. dann in dünne scheiben hobeln. gut aufpassen!!! fenchel ist hart und zerfällt leicht.

den saft der zitrone darübergeben. den fein gehackten knoblauch und ebenfalls sehr fein gehackten dill daruntergeben. die rote zwiebel fein schneiden, daruntermischen. mit salz, pfeffer, olivenöl und balsamico abschmecken.

die luftgetrocknete salami in kleine stückchen zupfen und erst kurz vor dem servieren untermischen!!! nicht früher! wird sonst matschig, das wäre schade! diese salatschüssel ist auf jeder feier als erstes leer! versprochen!

auch diejenigen, die sonst kaum oder gar keinen fenchel essen, werden ihn jetzt lieben!

fenchelig, salamig, zitronig

moose und britta heiraten

hochzeit

ja, es ist so weit.
moose und britta werden ein paar!
in der schönen und steinigen oberpfalz
mit ihren romatischen burgruinen
haben die beiden ihre heimat gefunden.
nach dem hochzeitsmenü, dem ringetausch
und einigem liebesgeflüster gibt's petits fours
und göttlichen espresso latte.
die frisch vermählten plauschen mit heidi und peter
aus rosenheim, den trauzeugen – und auch
tim ließ es sich nicht nehmen und kam aus texas,
um dem brautpaar zu singen:
„love for evermore ...“!

so weit: moose & britta werden ein Paar!
chönen & steinigen Oberpfalz mit ihren roman-
ingrünen haben die beiden ihre Heimat ge-
Nach dem Hochzeitsmenü, dem ringe-
und einigem liebesgeflüster gibt's petits
it göttlichem espresso latte. Die frisch Ver-
plauschen mit Heidi & Peter aus Rosenheim,
zaugen - und auch Tim ließ es sich nicht nehmen
aus Texas, um dem Brautpaar zu singen:
för evermore ..."!
J. R.

zutaten feine gemüsesuppe mit pfannkuchenfädchen (6 pers.)

- 3 l wasser
- allzweckwürze
- 2 pfannkuchen vom vortag (seite 69)
- 1 bio-karotte
- 1 lauch
- 1 kleine bio-zucchini
- 1 bund frische petersilie

zutaten schweinebraten mit breckala-knödeln (6 pers.)

- 1 kg mageren schweinebraten (bio oder vom metzger des vertrauens)
- 1 kg schweinbraten vom hals
- 2 große bio-karotten
- 1 große zwiebel
- 1 stück sellerie

fortsetzung auf seite 54

hochzeitsmenü von moose und britta

vier gänge vom feinsten

zubereitung

feine gemüsesuppe mit pfannkuchenfädchen

3 l wasser zum kochen bringen. etwas allzweckwürze nach geschmack einstreuen. am schluss dann abschmecken: vorsicht! heiß!!! bio-karotte, lauch, zucchini putzen und in sehr kleine würfelchen schneiden. petersilie waschen und blättchen vom stiel zupfen. sehr fein hacken. gemüsestückchen 10 minuten mitkochen. währenddessen kalten (vom vortag übrig gebliebenen) pfannkuchen in sehr feine fäden schneiden. pfannkuchenfäden und petersilie nur 1 (!!!) minute in der suppe erhitzen und dann sofort servieren!!!

schweinebraten mit breckala-knödeln

schweinefleisch unter fließendem wasser gründlich abwaschen, mit küchenkrepp trockentupfen und in großen bräter oder tiefes backblech legen. auf allen seiten mit salz und pfeffer, danach ein wenig mit paprika einreiben. karotte, zwiebel, sellerie und evtl. knoblauch schälen, waschen, in grobe stücke schneiden und in den bräter dazulegen. etwas heißes wasser in bräter oder blech füllen, so dass der boden ca. ½ cm bedeckt ist. in den auf 200 grad (umluft) vorgeheizten backofen geben. ca. 1 ½ stunden braten. nach ca. ½ stunde mit 1 liter brühe (seite 109) auffüllen. evtl. später nochmals mit brühe auffüllen. wenn der braten gar ist, bräter aus dem backofen nehmen, fleisch auf holzbrett mit ablaufrinne legen. mit folie zudecken. soße zubereiten: bratensud aufkochen lassen, etwas dunklen soßenbinder einrühren, möglich ist auch eine selbst zubereitete mehlschwitze (seite 118). wenn gewünscht, soße durch sieb streichen, damit die weichgekochten gemüsestücke sich sämig in die soße mischen. es schmeckt aber auch gut, wenn man die gemüsestückchen zum braten serviert und die soße klar bleibt.

- allzweckwürze
- salz
- pfeffer
- paprika
- 1 el fertigen dunklen soßenbinder
- 2 knoblauchzehen (wenn gewünscht)
- 2 p fertigen knödelteig von der bio-kartoffel
- schwarzbrot
- 1 alte semmel

zutaten riesenmöhrensalat an petersilie (6 pers.)

- 8 – 10 große bio-möhren
- 1 bund frische petersilie
- 2 rote zwiebeln
- weißen bio-balsamicoessig
- olivenöl
- pfeffer
- salz

zwischenzeitlich in einem sehr großen topf wasser zum kochen bringen. topf nur zu ¾ füllen. knödelteig in schüssel geben. alte semmel in einer tasse wasser einweichen und mit der hand fest ausdrücken. aufgeweichte semmel zum knödelteig geben und gut durchkneten. gleichzeitig in einer kleinen pfanne kleingewürfeltes schwarzbrot in butter anrösten. nicht zu schwarz werden lassen! abkühlen lassen. knödel formen und in die mitte die brotbreckala einfüllen, zudrücken.
knödeln ins kochende wasser geben, dann bei niedriger temperatur ca. 20 minuten sieden lassen. möglichst frisch servieren. alles gut timen!

riesenmöhrensalat
möhren putzen, waschen und schräg (!) in „riesenstücke" schneiden (ca. 2 cm). zwiebel schneiden und hacken. petersilie waschen und blättchen vom stiel zupfen, grob hacken. großen topf wasser zum kochen bringen, etwas allzweckwürze ins wasser und möhren 10 minuten blanchieren. möhren herausnehmen und in große schöne glasschüssel geben. zwiebel und petersilie dazu, salzen, pfeffern (am besten geschroteten pfeffer schwarz oder weiß), balsamico und olivenöl, etwas rohrohrzucker. gut abschmecken. am allerbesten schmeckt der salat lauwarm.

crumble

butter im topf schmelzen lassen. dann mit rohrohrzucker, bourbon-vanillezucker und bio-ei vermischen, mehl dazusieben oder einfach reinschütten. einen krümeligen crumble-teig (große streusel mit ca. ½ cm durchmesser) herstellen.

den boden einer gefetteten (mit rest von der geschmolzenen butter oder mit sonnenblumenöl auspinseln!) keramik-tarteform (26 cm durchmesser) zu jeweils einem drittel mit den kleingeschnittenen birnen, aprikosen und johannisbeeren auslegen. die johannisbeermarmelade (auch marillen- od. aprikosenmarmelade möglich) auf die früchte klecksen. die teigkrümel üppig auf die mit marmelade bekleckten früchte geben. übrigen rohrohrzucker mit zimt mischen und darüberstreuen.

im vorgeheizten backofen (180 grad, mittlere schiene) bei ober- und unterhitze ca. 30 minuten backen.

schlagsahne mit bourbon-vanillezucker steif schlagen und zum lauwarmen crumble servieren. sehr erfrischend auch mit roter grütze und/oder vanilleeis/vanillesoße – egal wie: der lauwarme crumble ist ein gedicht!

ein hochzeitsmenü zum verlieben!
nicht allzu schwer – leicht wie die junge liebe!
britta liebt moose und moose liebt britta

zutaten birnen-johannisbeer-aprikosen-crumble (6 pers.)

crumblemasse

- 1 bio-ei
- 100 g rohrohrzucker
- 1 p bourbon-vanillezucker
- 200 g bio-süßrahmbutter
- 300 g bio-dinkelmehl
- ½ tl weinsteinbackpulver
- 50 – 100 g johannisbeermarmelade
- 1 msp zimt, 2 el rohrohrzucker

füllung

- 2 bio-birnen
- 4 – 5 bio-aprikosen
- 1 schälchen johannisbeeren (ca. 300 g)

dazu

- 200 g bio-schlagsahne
- 1 b rote grütze
- 1 b vanilleeis
- 1 p vanillesoße

moose und britta in den marken

flitterwochen – luna di miele

„flittern wir in den italienischen marken?“
so flüstert moose seiner britta ins bärenohr.
die oberpfalz italiens empfängt uns
mit mildem wintersonnenschein.
noch nie aß ich so zimtigen speck, niemals
zuvor ein zitronenhähnchen wie dieses.
o britta, komm lass dich umarmen!
wir wollen träumen von orten wie diesem und
unser leben genießen, wo wir auch grade sind.
britta liebt moose und moose liebt britta!
schmetterlinge schwirren durch ein buntes tal
und die berge raunen ein gedicht.

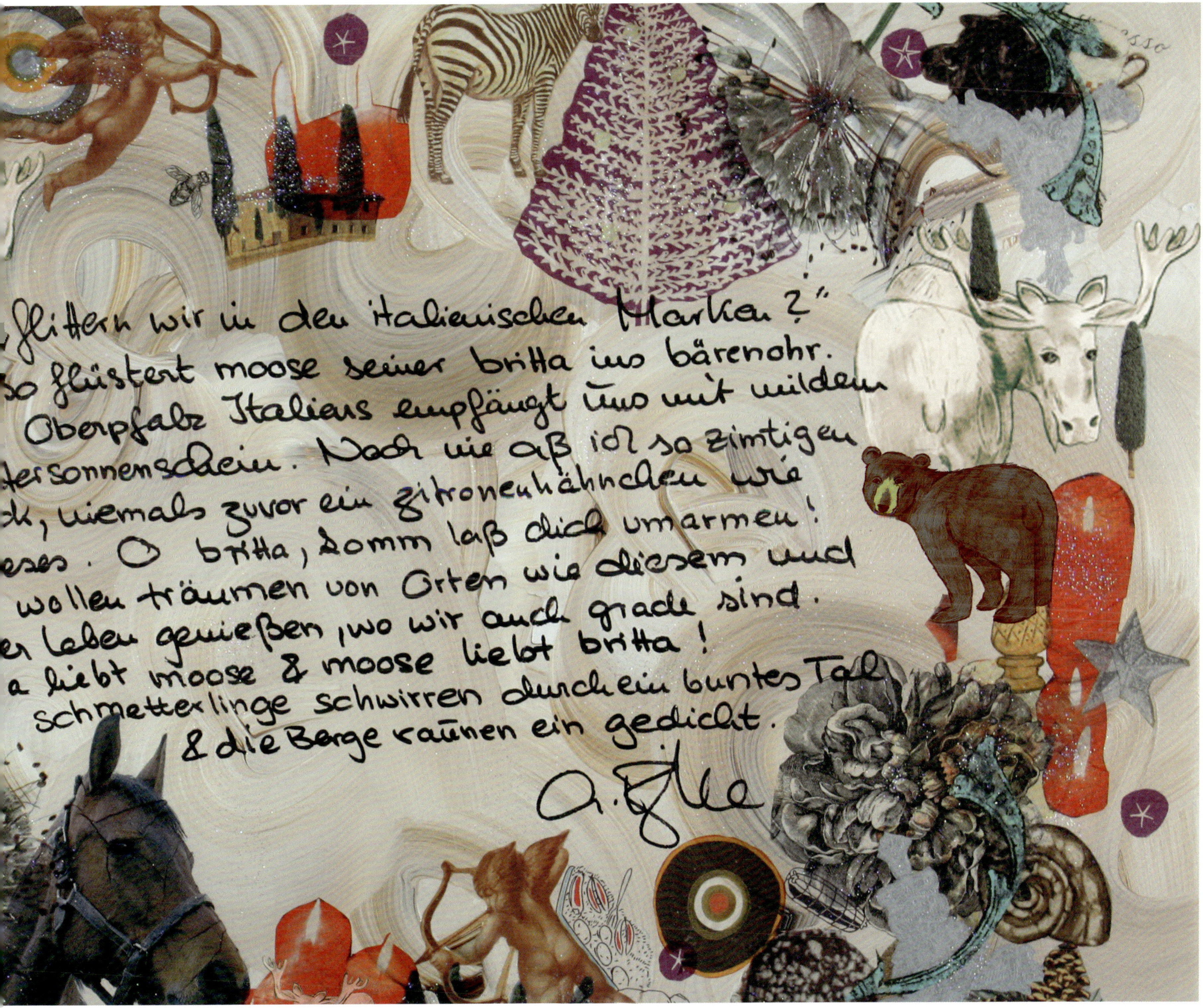
flittern wir in den italienischen Marken?"
so flüstert moose seiner britta ins bärenohr.
Oberpfalz Italiens empfängt uns mit wildem
tersonnenschein. Noch nie aß ich so zimtigen
ck, niemals zuvor ein zitronenhähnchen wie
eses. O britta, komm laß dich umarmen!
wollen träumen von Orten wie diesem und
er leben genießen, wo wir auch grade sind.
a liebt moose & moose liebt britta!
schmetterlinge schwirren durch ein buntes Tal
& die Berge raunen ein gedicht.

zutaten (4 – 6 pers.)

- 1 große poularde oder 1 bio-bauerngockerl
- 3 bio-zitronen
- 1 muskatnuss
- 2 zwiebeln
- 6 knoblauchzehen
- salz
- pfeffer
- 1 kg bio-kartoffeln
- frischen oder getrockneten rosmarin
- olivenöl

dieters zitronenpoularde

es duftet nach rosmarin

zubereitung

poularde oder gockerl gründlich waschen und mit küchenkrepp trocken tupfen. dann mit geflügelschere vorsichtig in zwei hälften schneiden. innen und außen salzen und pfeffern und mit geriebener muskatnuss innen und außen einreiben. von der muskatnuss reicht wenig, da sehr geschmacksintensiv! saft der zitronen im bräter über die hälften gießen. zusammen mit halbierten zwiebeln und ganzen knoblauchzehen in die backröhre für ca. 1 stunde bei 200 grad (umluft). garzeit je nach größe der poularde oder des gockerls. die soße wird nochmal mit zitronensaft, salz und pfeffer abgeschmeckt und wenn man will, mit mehlschwitze (seite 118) sämig gemacht. schmeckt aber auch pur.

kartoffeln waschen, bürsten, in achtel schneiden und in eine mit olivenöl ausgepinselte, feuerfeste auflaufform legen. rosmarin darüberstreuen und mit kräutersalz und pfeffer bestreuen, mit olivenöl beträufeln. dauern ca. 20 minuten bei 200 grad (umluft). mit garzeit von poularde/gockerl abstimmen, damit alles gleichzeitig fertig ist.

dieter, unvergessen und einzigartig!

gabis dolce

caffè zum süßen abschluss

zutaten (ca. 40 stück)

- 400 g blockschokolade (schwarz und weiß)
- 2 p mandelstifte
- caffè (1 espressotasse pro person)

zubereitung

in einer beschichteten pfanne die mandelstifte anrösten. achtung! nicht dunkel oder gar schwarz werden lassen! häufig wenden.

im wasserbad die in stücke gehackte blockschokolade schmelzen lassen (weiß und schwarz natürlich in extra behältern). die gerösteten mandelstifte mit der geschmolzenen schokolade vermischen. auf einem mit backpapier ausgelegten blech kleine schoko-mandel-häufchen bilden, die in ruhe trocknen dürfen.

diese splitterschokolade gibt es als dolce nach der zitronenpoularde zusammen mit einem caffè!

die ganze schönheit – der ganze schmelz – ganz italien

lieblingsrezepte

bio & slow, regional & saisonal

wer appetit auf nussnougatschnecken hat – ab zum konditor!!
wer appetit auf muscheln hat – ab nach italien ans meer!!
wer appetit auf liebe hat, der suche sich eine britta oder einen moose!
viel spaß beim knuddeln und speisen!

das wünschen moose und britta

... und jetzt folgen noch einige extra-feine lieblingsrezepte

zutaten (ca. 12 stücke)

- 2 tassen (mittelgroße haferl) rohrohrzucker (evtl. nur 1 ½ tassen)
- 2 frische bio-eier
- 2 p vanillezucker
- 2 tassen buttermilch
- 4 tassen bio-mehl (dinkel oder weizen)
- 1 ½ p weinsteinbackpulver
- entweder 2 tassen kokosflocken oder gehobelte mandeln für belag
- hierfür etwas extra-zucker
- nach dem backen ganz wichtig: 1 – 2 b bio-schlagsahne

frau helms buttermilchkuchenpfanne

von der netten nachbarin ... und: man braucht keine waage!!!
nur eine tasse! – geht schnell und ist superlecker!

zubereitung

rohrohrzucker, eier, vanillezucker und buttermilch schaumig rühren. dann mehl und weinsteinbackpulver zugeben. den rührteig in eine gut gefettete (z.b. mit öl oder zerlassener butter ausgepinselte) metallpfanne geben. zwei tassen kokosflocken (mögen kinder gern) oder gehobelte mandeln (mögen die großen) mit zucker nach belieben mischen und oben drauf verteilen. 40 minuten bei 170 grad (ober- und unterhitze) backen.

gleich nach dem backen, wenn der kuchen noch ganz heiß ist, 1 – 2 becher schlagsahne darübergießen!!! so wird es ein sonntagskuchen!
ohne sahne geht's auch: der kuchen wird dann fester und eben dann ein werktagskuchen.

einfach klasse helmig!

seugaster rindsrouladenpfanne

deftiges von elisabeth und ludwig

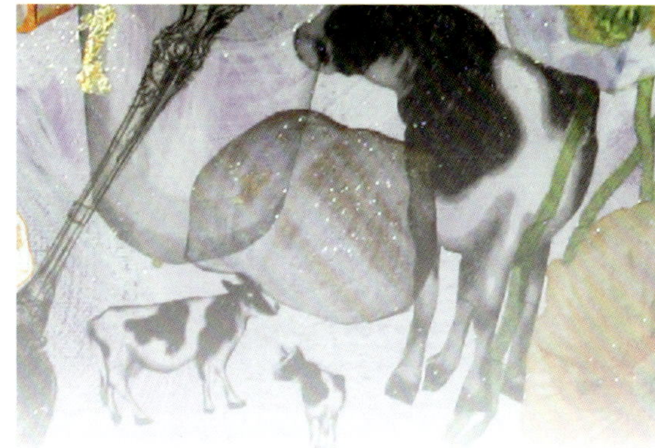

zubereitung

rindsrouladen waschen, mit küchenkrepp abtupfen und in kleine mundgerechte streifen schneiden. zwiebel und essiggurken in kleine stückchen schneiden, bauchspeck würfeln.

in pfanne bratöl erhitzen, zwiebeln glasig dünsten, bauchspeck anbraten und rindsrouladenstreifen hinzugeben und kräftig anbraten. mit brühe (seite 109) aufgießen, essiggurkenstückchen hinzugeben und mit salz, pfeffer und etwas zucker abschmecken. ca. 1 stunde in der zugedeckten pfanne schmoren lassen, bis das rindfleisch weich ist. nochmals gut abschmecken.

am besten einfach mit einem stück bauernbrot. ideal zum soß-dutschn (= genüssliche aufnahme der soße mit dem brot). lecker ist aber auch ein selbstgemachter kartoffelstampf (hierzu geschälte und geviertelte kartoffeln im salzwasser kochen, 1 kleine tasse bio-milch zugeben und ½ tl salz, dann mit stampfer zerstampfen. am schluss ein stückchen bio-butter zugeben und nochmal umrühren).

das macht alle satt!

zutaten (4 pers.)

- 4–5 dünne scheiben rinderrouladen vom bio-metzger
- 4–5 scheiben durchwachsenen bauchspeck
- 2 zwiebeln
- 5–6 essiggurken
- etwas mittelscharfen senf
- salz
- pfeffer
- paprika
- rohrohrzucker
- etwas brühe
- beilage: brot oder kartoffelstampf (= kartoffelpüree)

zutaten (ca. 12 stücke)

- 250 g geschmeidige bio-butter oder margarine
- 250 g rohrohrzucker
- 1 mittelgroßes bio-ei
- 1 likörglas kirschwasser
- 250 g mandeln, haselnüsse oder walnusskerne (gemahlen)
- 1 gehäufter el kakao
- 1 tl zimt
- 1 p vanillezucker
- 1 msp gemahlene nelken
- 1 eigelb zum bestreichen
- ½ glas rote johannisbeer- oder himbeermarmelade

lisbeths linzer torte

ein saftiges kunstwerk

zubereitung

butter, zucker, ei und kirschwasser (für kinder ohne alkohol) mit knethaken vermischen. gemahlene mandeln oder nüsse, mehl, kakao, zimt, vanillezucker und nelkenpulver untermischen.

teig unbedingt eine stunde kalt stellen! ist sehr wichtig!

zwei drittel des teigs in gefettete springform mit 24 cm durchmesser geben. mit frischhaltefolie bedecken und zu einem boden mit 2 cm hohem rand ausdrücken. folie abziehen. teigboden mit marmelade bestreichen. aus dem restlichen teig lange rollen drehen und gitterförmig auf die marmelade setzen. eigelb mit 1 tl wasser verquirlen und die teigrollen damit bestreichen.

bei 180 grad (ober- und unterhitze) ca. 1 stunde backen.

ein wahrer geburtstagskuchen! köstlich für mehrere tage!
denn nachfeiern geht immer!

vatis eierschwammerlpfanne

wenn es herbst wird, wunderbar! schmeckt aber auch das ganze jahr!!!

zutaten (4 pers.)

- 400 g eierschwammerln (= pfifferlinge) alternativ: shitakepilze/kräutersaitlinge
- 4 große bio-eier
- 1 stück bio-butter
- 1 große rote zwiebel
- 1 kleiner bund petersilie (frisch oder auch tk)
- salz, pfeffer
- gewürztes bio-brot

zubereitung

schwammerln gut putzen. eigentlich nur bürsten, nicht waschen. zur not kann man auch kurz ein bisschen waschen, im sieb abtropfen lassen und mit küchenkrepp dann sanft trocknen. schwammerln klein schnippeln. rote zwiebel klein schneiden.

in pfanne bio-butter zerlaufen lassen. kleingeschnittene rote zwiebel glasig dünsten und geschnippelte pilze dazugeben. ca. 5 minuten braten. eier verquirlen, drübergießen und verrühren. salz und (am besten geschroteten) schwarzen pfeffer drüberstreuen. wer mag, auch roten pfeffer. am schluss die kleingeschnittene petersilie drübergeben und kurz durchmischen. schon allein vom duft läuft einem das wasser im mund zusammen.

dazu genießen: einige scheiben gewürztes bio-brot mit butter oder einfach pur. für diese pfanne eignen sich gleichermaßen shitakepilze oder kräutersaitlinge!

so schlicht – so gourmet

zutaten teig (ca. 8 stücke)

- 100 g rohrohrzucker
- 200 g bio-süßrahmbutter
- 300 g bio-dinkel- oder weizenmehl
- 1 bio-eigelb

zutaten füllung

- 1 p vanillepudding-pulver
- 300 g orangensaft (vorzugsweise frisch gepresst)
- 50 g bio-süßrahmbutter
- 100 g rohrohrzucker
- 3 eier und 2 eigelbe extra
- 110 g joghurt natur
- ½ p getrocknete erbsen zum blindbacken

deko

- hauchdünne scheiben einer bio-orange und etwas gehackte pistazienkerne

beates orangentarte

knaller für jede party

zubereitung

für den teig werden zucker, butter (entweder im topf zerlassen oder klein geschnitten), mehl und das eigelb gut geknetet. der teig wird in eine gefettete springform (26 cm durchmesser) gedrückt, einen teigrand von ca. 2 cm anbringen! – entspannendes gebatzel …

auf diesen teig wird eine zugeschnittene scheibe butterbrotpapier gelegt und darauf ca. ½ packung getrocknete erbsen verteilt. den teig *blind* 20 minuten bei 180 grad (ober- und unterhitze). *blind* backen (seite 123) heißt: die erbsen verhindern, dass der teig blasen wirft und hässlich aussieht.

dann kommt die creme an die reihe: dafür wird eine mischung aus 250 g orangensaft, butter und zucker in einem topf aufgekocht. das vanillepudding-pulver wird gleichzeitig mit 50 g orangensaft, zwei eigelben und drei ganzen eiern angerührt. diese mischung wiederum wird dann in den topf mit dem kochenden orangensaft etc. hineingeben und wie gewohnt ein pudding daraus gekocht. diesen etwas abkühlen lassen. danach joghurt unterrühren.

die orangencreme wird auf den blind gebackenen tortenboden gegeben und mit einem nassen esslöffel glatt gestrichen. zur dekoration gibt man hauchdünn geschnittene scheiben der bio-orange drauf (unbedingt die schale dranlassen!!) und streut etwas gehackte grüne pistazienkerne darüber. so wird es auch ein augenschmaus!

exquisit – beate hat's drauf!

tommis pastaschüssel

sommerleichtes blitzgericht

zubereitung

brokkoli putzen, in kleine röschen schneiden und waschen. pasta nach packungsanweisung kochen (1 prise salz ins kochwasser!). brokkoli mit ins kochwasser geben und ca. 5 minuten mitkochen. frühlingszwiebeln in kleine röllchen schneiden. cherrytomaten waschen und vierteln.

in einer mittelgroßen porzellanschüssel die butter und die basilikumblätter mit der gepressten oder klein gehackten knoblauchzehe vermengen und mit gabel zu einer masse zerdrücken. diese masse mit tabasco, dijon senf sowie mit salz und pfeffer würzen.

die al dente oder gar gekochten bandnudeln mit dem brokkoli in die gebutterte schüssel geben, sofort durchmischen. die geviertelten cherrytomaten und die frühlingszwiebelröllchen dazugeben.

parmesan frisch reiben und dazu reichen.

köstlich, gesund
und extrem schnell zubereitet

zutaten (4 pers.)

- 125 g bio-butter
- 300 g bio-bandnudeln (oder andere pasta, auch vollkorn ist gut!)
- 1 kopf brokkoli
- 10 – 20 cherrytomaten
- salz, pfeffer
- 2 – 3 spritzer tabasco
- 2 el dijon-senf (kauf lohnt sich!)
- 1 – 2 knoblauchzehen
- 20 blätter basilikum
- 1 bund frühlingszwiebeln
- parmesan zum drüberstreuen

zutaten (3 – 4 pers.)

- 250 g oder ca. 6 – 8 mittlere bio-gemüsekartoffeln
- ½ stange lauch
- 1 mittlere bio-karotte
- 1 stückchen sellerie oder eine petersilienwurzel oder pastinake
- 1 ½ – 2 el allzweckwürze
- 1 ½ l wasser
- frische oder tk-kräuter (z.b. petersilie, schnittlauch, ital. kräuter, majoran)
- evtl. 1 stückchen bio-butter

angelikas kartoffelsuppe

macht satt und zaubert gemütlichkeit

zubereitung

kartoffeln waschen, schälen, in kleine stücke schneiden (ca. 1 – 2 cm groß). karotte, lauch, sellerie putzen und klein schnippeln. wasser zum kochen bringen. gemüse ins kochende wasser geben. allzweckwürze rein, je nach geschmack, bis die suppe schön goldgelb ist. 20 minuten köcheln lassen. suppe von der herdplatte nehmen und mit rührstab pürieren. ein paar gröbere stückchen dürfen schon übrig bleiben. am schluss kräuter untermischen.

lecker als abwechslung: einige gebratene shrimps untermischen oder direkt auf die suppe im teller geben.

alternativ: wiener würstchen, debreziner oder ähnliches dazu servieren. ebenso schmeckt ein frisches bio-butterbrot sehr gut dazu.

schnell fertig & pikant

mamis pfannkuchen pikant oder süß

jeder so, wie er's am liebsten mag

zubereitung

aufgeschlagene bio-eier in hohe rührschüssel geben. milch, salz und öl hinzufügen. mit dem rührstab klümpchenfrei rühren. mehl hinzusieben, nochmals gut durchmixen. teig mindestens 20 minuten ruhen lassen! wenig öl in antihaft-pfanne erhitzen. öl mit pinsel dünnflächig verteilen. pfannkuchenmasse mit schöpfer oder nach augenmaß portionsweise in pfanne geben und goldgelbe pfannkuchen ausbacken. wenn festigkeit am rand sichtbar, wenden! vorgang jedesmal wiederholen.

für die pikante pilzfüllung
eine rote oder weiße zwiebel schälen, klein hacken, in etwas butter oder öl andünsten. pilze bürsten oder waschen, klein schneiden, in die pfanne dazugeben. 5 minuten dünsten, mit allzweckwürze leicht überstreuen, mit etwas heißem wasser angießen, mit wenig dunklem soßenbinder oder speisestärke leicht andicken. frische oder tk-kräuter hinzufügen. masse auf einer hälfte des pfannkuchens verteilen und umklappen. mit frischer rohkost garnieren (z.b. karotte, gurke, paprika). ***variante:*** zwiebeln andünsten, tk-spinat nach packungsanweisung kochen. salzen und pfeffern. in pfannkuchen füllen. abwechslungshalber auch mal mit chinesischer tk-gemüsemischung probieren.

für die süße füllung
einfach marmelade, gelee, creme, zucker oder apfelmus nach geschmack auf die pfannkuchen streichen, einrollen, genießen! ***blaubeerpfannkuchen:*** frische oder tk-blaubeeren auf flüssige pfannkuchenseite geben und kurz stocken lassen, dann wenden. wenn fertig, zusammenklappen. ein traum mit einer kugel vanilleeis!

pfannkuchen, tag gebongt …

zutaten (3 – 4 pers.)

- 5 frische bio-eier
- 600 ml bio-milch
- 3 el bratöl
- 250 g dinkel- / weizenmehl
- 1 prise salz
- etwas bio-bratöl zum ausbacken

pikant

- 200 g pilze (champignons, egerlinge, austernpilze, shitake)
- 1 zwiebel, rot oder weiß
- kräuter, frisch oder tk
- allzweckwürze
- variante: 1 p tk-spinat oder 1 p tk-china-gemüsemischung

süß

- entweder erdbeermarmelade oder johannisbeergelee
- crunchy-nussnougat- oder kokos-schoko-creme
- zucker oder apfelmus
- 200 g blaubeeren, vanilleeis

zutaten (4 – 6 pers.)

- 500 g bio-hackfleisch gemischt (rind und schwein)
- 1 dose stückige tomaten
- ca. 6 – 8 stückchen getrocknete tomaten
- 1 kleiner kopf brokkoli
- 1 zwiebel
- 1 bio-karotte
- 1 rote oder gelbe paprika
- 1 el allzweckwürze
- salz
- peffer
- gewürzte tomatenmarkpaste
- 2 btl wildreismischung

gerhards hackfleischpfanne

selbst ist der mann …

zubereitung

hackfleisch in etwas öl gut anbraten. derweil getrocknete tomaten in kleine stücke schneiden. zwiebel, brokkoli, karotte, paprika waschen und in kleine stücke schneiden. als erstes zwiebel zum hackfleisch geben und gut andünsten, danach die getrockneten tomatenstückchen mitbraten. später das gemüse hinzugeben. allzweckwürze drüberstreuen, salzen und pfeffern. etwas gewürzte tomatenmarkpaste zugeben. mit heißem wasser angießen, so dass das gemüse leicht bedeckt ist. ca. 30 minuten köcheln lassen.

inzwischen wildreismischung nach packungsanleitung kochen.

mulde in hackfleischpfanne formen und die gekochte wildreismischung einfüllen.
mit frischen kräutern bestreuen. in der pfanne servieren.

tipp
oliven in dünne scheiben schneiden, hinzufügen. evtl. auch grüne peperoni oder cherrytomaten.

männlich, wild und würzig

bellas putenschnitzel mit gabelspaghetti

liebe rollt über die gabel ...

zubereitung

bio-putenschnitzel gründlich waschen, mit küchenkrepp trocken tupfen.

jedes schnitzel in drei kleinere stücke zerteilen, dann salzen und pfeffern. leicht mit mehl bestäuben oder darin wenden. öl in beschichtete pfanne geben, putenschnitzel in heißem öl auf beiden seiten gut anbraten. auf oberseite etwas paprika streuen, ebenso etwas getrockneten rosmarin. im sommer auch frische rosmarin- oder thymianzweige mitbraten. leicht mit heißem wasser ablöschen. etwas allzweckwürze drüberstreuen. schnitzel mehrmals wenden.

zwischenzeitlich spaghetti nach packungsanleitung kochen. pürierte bio-tomaten im topf erhitzen. etwas allzweckwürze, pfeffer, frische oder italientische tk-kräuter hinzugeben. spaghetti mit tomatensoße vermischen.

spaghetti in großer schüssel anrichten, putenfleischstückchen im kreis darauf drapieren.

frische salate der saison waschen und mit vinaigrette (seite 124) anmachen. dazu reichen.

die gäste können kommen und genießen!

zutaten (4 pers.)

- 4 mittelgroße bio-putenschnitzel
- salz
- pfeffer
- paprika
- rosmarin oder thymian
- etwas mehl
- 1 dose bio-tomaten, püriert
- allzweckwürze
- ½ tube gewürztes tomatenmark
- 400 g spaghetti
- salate der saison

zutaten (4 pers.)

- 500 g bio-spaghetti
- 2 knoblauchzehen
- 1 kleine zwiebel
- 100 g getrocknete tomaten
- 2 p mini-mozarella-bällchen
- 8 – 10 cherrytomaten
- salz, pfeffer
- olivenöl
- weißen balsamicoessig
- crema di balsamico
- etliche blätter frisches basilikum

tomatenbutter-baguette

- 1 kleines baguette
- 150 g getrocknete tomaten
- 1 kleine zwiebel
- olivenöl
- salz, pfeffer
- weißen balsamicoessig

jetzt ist wirklich sommer

zentis lauwarmer spaghettisalat

summer in the city

zubereitung

gekochte nudeln in glasschüssel geben. getrocknete tomaten waschen, klein schneiden. knoblauch pellen und in kleine stücke schneiden. alles mischen, mit olivenöl, balsamicoessig, salz und pfeffer würzen. cherrytomaten waschen, halbieren oder vierteln und zusammen mit mini-mozarella-bällchen hinzufügen. frische basilikumblätter waschen und untermischen. besonders fein: getrocknete tomaten, knoblauch und zwiebel vorher leicht andünsten und dann erst untermischen. mit einigen spritzern crema di balsamico abschmecken.

tipp
lauwarm schmeckt der spaghettisalat am besten, wie der name schon sagt ..., also entweder frische nudeln leicht abkühlen lassen oder spaghetti vom vortag ganz kurz in heißem wasser schwenken und abseihen (soße vorher zubereiten!).

beilage
als leckere beilage, die das gericht perfekt macht, gibt es dünne geröstete baguettescheiben (entweder im toaster oder auf dem backblech). diese werden noch heiß mit selbst gemachter tomatenbutter bestrichen. jeweils 4 scheiben am tellerrand platzieren.

tomatenbutter
getrocknete tomaten klein schneiden, mit klein gehackter zwiebel mischen und in etwas olivenöl andünsten. mit salz, pfeffer und balsamicoessig abschmecken, erkalten lassen. bio-butter mit gabel in teller zerdrücken und tomatenmasse einarbeiten. hält in frischhaltebox im kühlschrank mehrere tage.

petras feine forellenmousse

als vorspeise für anspruchsvolle gäste

zutaten (vorspeise 4 pers.)

- 3–4 feine forellenfilets (am besten vom örtlichen fischzüchter)
- 3 el crème fraîche
- 2 el bio-sahne
- ½ tl meerrettich (scharf)
- 1 bio-zitrone
- pfeffer
- meersalz
- etwas petersilie
- rucola oder chicorée
- vinaigrette

zubereitung

die forellenfilets in kleine stücke zerpflücken und zusammen mit crème fraîche, sahne und meerrettich sowie mit einigen spritzern saft von der bio-zitrone in eine schüssel geben und mit rührstab fein pürieren. nach geschmack mit meersalz und frischem pfeffer aus der mühle abschmecken.

zu dieser feinen vorspeise reicht man ciabatta oder baguette und einen kleinen rucola- oder chicorée-salat, der mit einer weißen vinaigrette (seite 124) angemacht ist.

ratzfatz, aber raffiniert

zutaten (4 pers.)

- 4 – 8 hähnchenschenkel (je nach appetit der esser)
- 2 mittelgroße kohlrabi
- 2 bio-karotten
- 4 – 8 mittelgroße bio-kartoffeln
- salz
- pfeffer
- paprika
- petersilie
- allzweckwürze
- olivenöl
- evtl. weiteres gemüse

achtung

man benötigt hier ein tiefes backblech!

susannas und julias hähnchenpfanne

für jede nette einladung geeignet

zubereitung

die hähnchenschenkel gründlich waschen! mit küchenkrepp abtupfen. mit salz, pfeffer und paprika rundherum einreiben und auf tiefes backblech legen.

kohlrabi, karotten, kartoffeln schälen, in mittelgroße stücke schneiden und zwischen die hähnchenschenkel aufs backblech legen. alles sanft mit allzweckwürze überstreuen, nicht zu viel! und dann mit wasser angießen, so dass der boden des tiefen backblechs ca. ½ cm bedeckt ist. eventuell ein wenig olivenöl über die kartoffelstückchen träufeln. einige kohlrabiblätter vom strunk befreien, ganz klein schneiden und unter das gemüse mischen.

im vorgeheizten backofen bei 200 grad (umluft) ca. 40 – 45 minuten backen. am schluss frisch gehackte petersilie drüberstreuen. alles wird wunderbar gleichzeitig fertig und schmeckt groß und klein!!!

tipp

man kann auch andere gemüsesorten dazugeben, z.b. zucchini, sellerie, fenchel etc. allerdings zucchini erst später zugeben. wird sonst zu weich! thymian statt petersilie ist auch lecker.

schmeckt immer,
ist gesund und genial für gäste

sabines erfrischende frischkäse-birnen-nachspeise

extrem beliebt als partymitbringsel, weil erfrischend, aber nicht so süß

zubereitung

den frischkäse mit dem naturjoghurt in einer schüssel verrühren, den rohrohrzucker und den bourbon-vanillezucker untermengen. den saft der bio-zitrone einrühren und eine prise salz hinzufügen. die sahne mit dem rührstab steif schlagen. die geschlagene sahne sanft unter die frischkäse-joghurt-masse heben.

die frischen birnen schälen, vierteln und ca. 5 minuten in wenig wasser weich kochen. abtropfen lassen. oder: die dose birnen öffnen. saft abgießen. birnen auch hier abtropfen lassen!

die gehobelten mandeln inzwischen in einer beschichteten pfanne ohne fett anrösten. sie dürfen leicht braun werden. vorsicht: nicht schwarz werden lassen, das geht nämlich ganz schnell und dann schmecken sie bitter! also gut aufpassen!

die frischkäse-joghurt-masse und die birnen in eine schöne glasschüssel schichtweise einfüllen und oben mit einem löffel leicht festklopfen. dann die gerösteten mandelplättchen darüberstreuen.

ab in den kühlschrank, bis die gäste kommen.

tipp

am besten schmeckt die nachspeise, wenn sie eine nacht durchgezogen ist.
also möglichst am vortag zubereiten!

mandelig, frisch, fantastisch

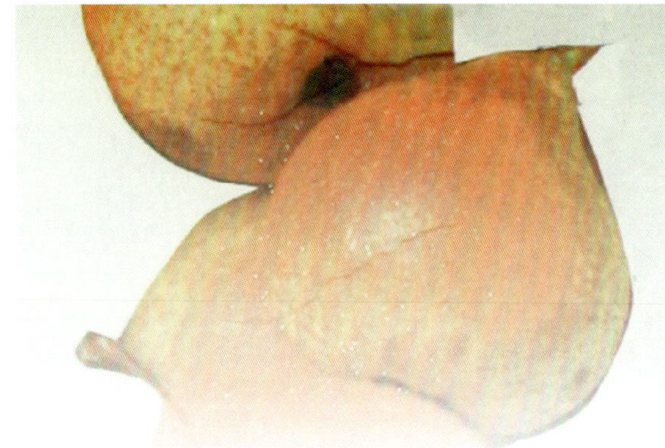

zutaten (5 – 6 pers.)

- 2 p bio-frischkäse natur
- 1 b bio-naturjoghurt
- 1 b bio-schlagsahne
- 1 bio-zitrone
- 1 prise salz
- 1 p bourbon-vanillezucker
- 1 el rohrohrzucker
- 3 frische birnen oder 1 große dose natursüße birnen
- 250 g gehobelte mandeln

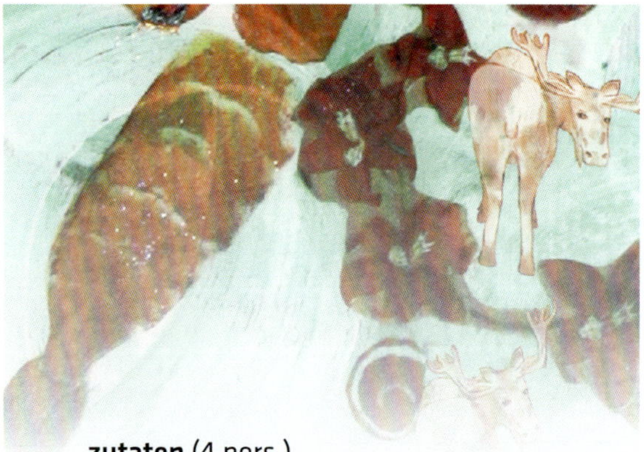

zutaten (4 pers.)

- 1 großen btl bio-garnelen (tk)
- 1 frische knoblauchzehe
- 1 dose pürierte bio-tomaten
- 1 dose stückige bio-tomaten
- 1 el olivenöl
- ½ tube gewürztes tomatenmark
- salz, pfeffer aus der mühle
- allzweckwürze
- je nach geschmack: petersilie, oregano, thymian, ital. kräuter
- dazu entweder spaghetti oder baguette

bernhards leckeres tomatiges garnelenpfännchen

freie sicht zur nordsee

zubereitung

das olivenöl in einem topf erhitzen. die garnelen zusammen mit dem kleingehackten knoblauch darin anbraten. die tomaten aus der dose dazu und kurz aufkochen. die soße mit salz, pfeffer aus der mühle, etwas allzweckwürze und kräutern abschmecken. ein wenig gewürztes tomatenmark unterrühren.

das pfännchen ist schnell fertig und schmeckt delikat mit spaghetti oder baguette.

tipp
falls spaghetti dazu gereicht werden sollen, rechtzeitig nudelwasser aufsetzen und spaghetti nach packungsanweisung al dente oder gar kochen!!!

schnell, edel, garnele

gelys linsenreis mit erdnusscreme und brokkoli

ein bisschen exotisch

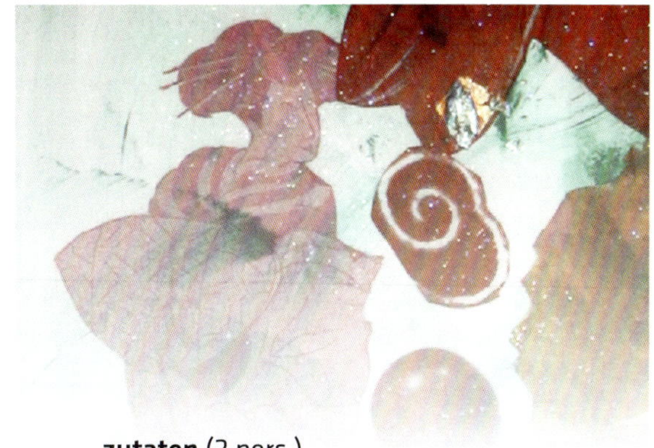

zubereitung

zwiebel klein schneiden und in einer großen pfanne mit olivenöl glasig dünsten, pinienkerne leicht mitrösten. mit etwas heißem wasser aufgießen, allzweckwürze hinzu und die erdnusscreme einrühren. linsen zugeben und umrühren.

basmatireis nach packungsanleitung kochen. gleichzeitig in einem separaten topf kleine brokkoliröschen 6 – 10 minuten im sprudelnden wasser kochen. reis und brokkoli im sieb abtropfen lassen.

reis zur erdnussmasse in die pfanne geben, unterheben, mit brokkoli garnieren und nochmals mit etwas pinienkernen bestreuen. nach geschmack salzen und pfeffern.

ganz besonders lecker: ganz oben drauf ein hauch von orangen-chili aus der mühle.

gut dazu schmeckt etwas bio-joghurt natur (einfach einen klecks auf den teller geben)!

indisch, linsig, gut

zutaten (2 pers.)

- 1 btl basmatireis
- ½ dose braune linsen (gekocht, 150 g)
- 1 – 2 große el erdnusscreme
- olivenöl
- ½ zwiebel
- 1 bio-brokkoli
- salz
- pfeffer
- allzweckwürze
- pinienkerne (alternativ walnüsse oder erdnüsse)
- evtl. orangen-chili aus der mühle, bio-joghurt natur

zutaten mediterrane bohnen
(2 – 3 pers.)

- 500 g grüne buschbohnen oder stangenbohnen
- 3 bio-tomaten
- 1 schalotte
- chili, pfeffer, salz
- 1 knoblauchzehe
- allzweckwürze
- olivenöl

zutaten orangen-chicorée-salat
(2 – 3 pers.)

- 1 bio-orange
- 2 chicorée
- orangensenf
- weißen balsamicoessig
- öl
- salz
- pfeffer

frau süß' grüne bohnen mediterran

orangen-chicorée-salat grüßt aus dem süden

zubereitung

mediterrane bohnen
schalotte in kleine stücke schneiden und in olivenöl im topf andünsten. bohnen dazugeben und mit wasser aufgießen. zum kochen bringen und ca. 15 minuten köcheln lassen. dabei halbierte tomaten oben auflegen und mitköcheln lassen. danach kann man die haut der tomaten abziehen (wenn man will). dann die tomaten mit der gabel etwas quetschen und unter die bohnen rühren. gewürzt wird mit allzweckwürze, salz, pfeffer und vor allem chili! wer mag, gibt noch eine frischgehackte knoblauchzehe dazu.

orangen-chicorée-salat
orange schälen und würfeln, chicorée putzen, waschen und in kleine streifen schneiden. mit orangensenf und vinaigrette (seite 124) anmachen.

als beilage eignen sich brot oder reis oder auch mal gar nichts!

bohne, orange, pur

sylvias schwimmtorte

schon viel arbeit, aber immer was besonderes

zutaten teig (ca. 12 stücke)

- 100 g butter
- 100 g rohrohrzucker
- 1 p vanillezucker
- 5 bio-eigelbe
- 125 g bio-weizenmehl
- ½ p weinsteinbackpulver

2 springformen bereitstellen

zutaten belag

- 100 g gehobelte mandeln
- 5 bio-eiweiß
- 200 g rohrohrzucker

zutaten füllung

- 2 b bio-schlagsahne
- preiselbeeren oder auch mandarinen, aprikosen oder himbeeren (sind am beliebtesten!)

zubereitung

teig

butter im topf schmelzen, zucker und vanillezucker dazu. die 5 eigelbe zugeben und schaumig rühren. dann mehl und backpulver zugeben und verrühren. in beiden gefetteten springformen gleichmäßig verteilen.

belag

eiweiß mit rohrohrzucker zu schnee schlagen. die schneemasse auf den teig in beiden springformen verteilen und mandelblättchen auf die schneemasse draufstreuen. 30 minuten bei 150 grad (ober- und unterhitze) im vorgeheizten backofen backen.

füllung

schlagsahne steif schlagen. einen teil des obstes pürieren, einen teil in kleine würfel schneiden und unter die sahne heben. dann die masse auf einen der fertig gebackenen, ausgekühlten tortenböden geben.

der zweite tortenboden wird in tortenstücke vorgeschnitten. diese werden auf die schlagsahne-früchte-masse gedrückt. fertige schwimmtorte bis zum essen schön kühl stellen! evtl. mit puderzucker bestreuen.

festlich, köstlich, angeberkuchen

zutaten
(ca. 10 schraubgläser à 500 ml)

- 3 kg bio-zucchini
- 1 kg zwiebeln
- 1 kleine handvoll meer- oder urgesteinsalz
- 1 l weißen balsamicoessig
- 1 kg rohrohrzucker
- 2–3 el süßen senf
- 3 el scharfen paprika
- 3 el curry
- 1 el cayennepfeffer
- 2 el mehl
- 3 große dosen tomatenmark

hermanns hot zucchini

das beste chutney der welt – auch haltbar

zubereitung

zucchini waschen, schälen, halbieren, entkernen und in ca. 1 cm breite „halbmonde" schneiden mit kleingeschnittenen zwiebeln und mit dem salz ca. 6 stunden durchziehen lassen. entstandenes salzwasser abgießen. weißen balsamicoessig, zucker und senf aufkochen, zucchinimasse dazugeben und 20 minuten kochen lassen.

scharfen paprika, curry, cayennepfeffer, mehl und tomatenmark miteinander vermischen. in die zucchinimasse rühren und alles zusammen weitere 10 minuten köcheln lassen. noch heiß in saubere schraubgläser füllen.

eignet sich hervorragend als chutney zu fleisch, wurst, käse, z.b. beim party-buffet.

natürlich kann man auch eine kleinere menge davon herstellen, die arbeit lohnt sich auch dann!

chutney, party, wow!

tanjas rosenkohl-curry

macht jeden zum thai-liebhaber

zutaten (3 – 4 pers.)

- 500 g bio-rosenkohl
- 1 rote zwiebel
- ½ glas milde gelbe curry-paste
- 125 g bio-frischkäse (magerstufe)
- curry
- paprika, edelsüß
- salz
- pfeffer
- 1 tl allzweckwürze
- olivenöl oder kokosöl

zubereitung

rosenkohlröschen putzen (äußere blätter und strunk entfernen) und waschen. zwiebel in kleine stücke schneiden. rosenkohl (evtl. halbiert) in sprudelndem wasser 10 minuten kochen (allzweckwürze ins kochwasser). gleichzeitig in pfanne zwiebelstückchen in etwas oliven- oder kokosöl anbraten. etwas von der rosenkohlbrühe zugeben. darin den frischkäse und die currypaste nach und nach verrühren. immer wieder etwas brühe zugeben. bei bedarf noch mit curry, paprika, salz, pfeffer abschmecken. den gekochten rosenkohl zugeben und untermischen. statt frischkäse kann man auch joghurt, sahne, sauerrahm, schmand oder kokosmilch nehmen.

als beilagen eignen sich hervorragend zartdinkel, naturreis, baguette oder vollkornbrot.

zum curry schmeckt super ein chicorée-orangen-walnuss-salat (kleingeschnittene zutaten mit vinaigrette – seite 124 – und orangensenf anmachen).

extrem köstlich, extrem exotisch

zutaten (4 pers.)

- 8 scheiben toastbrot
- 50 g bio-butter
- 8 scheiben bio-gouda
- 8 scheiben mageren schinken
- 1 glas spargelspitzen
- 1 dose ananasringe
- 1 glas preiselbeeren
- grünen salat oder eisbergsalat
- 2 tomaten
- 1 glas puszta-salat

bernies gemischter toast

völlig losgelöst

zubereitung

toastbrot-scheiben dünn mit butter bestreichen. je eine scheibe schinken drauflegen und entweder einige spargelspitzen oder je einen ring ananas auf den schinken legen. darüber kommt jeweils eine scheibe gouda.

die belegten toastscheiben auf ein backblech mit backpapier legen und in den vorgeheizten backofen/grill (grill-stufe: 3) schieben. achtung! gut beobachten, dauert höchstens 3 minuten. der käse darf ganz kleine braune fleckchen bekommen. dann ist der toast schon fertig. er soll nicht schlabbrig, sondern schön durchgetoastet sein! deshalb unbedingt gut vorheizen.

in die mitte der toastscheiben kommt vor dem servieren ein großer klecks preiselbeeren. dazu schmeckt ein grüner oder ein eisbergsalat mit vinaigrette (seite 124) und / oder ein glas puszta-salat.

es handelt sich um das ideale samstagabend-fernsehessen und macht ganze familien happy!!!

enterprise, hawaiitoast, glücklich

sabinas basisches wurzelgemüse

ein gesunder segen

zubereitung

also, wenn man's mal ganz gesund und basisch haben möchte, dann ist dieses wurzelgemüse genau das richtige. zum beispiel am tag x nach der schwimmtorte ... oder in der fastenzeit ... oder immer mal zwischendurch.

die zutaten schälen, waschen, würfeln. gemüse in einem sieb in einem großen topf mit zum sprudeln gebrachten wasser ca. 10 – 15 minuten weich dünsten. das pure gedünstete gemüse in teller geben, etwas gomasio drüberstreuen und evtl. ein stückchen bio-süßrahmbutter dazu.

sehr gut eignen sich als beilage pellkartoffeln: kartoffeln mit schale kann man in dem großen topf gut mit wasser bedeckt schon 20 minuten vorkochen. dann erst das sieb mit dem gemüse drauf und 10 minuten weiterkochen.

zeit lassen beim essen. genießen. das pure und reine wurzelgemüse.

an nicht ganz basischen (entsäuernden) tagen kann man auch etwas naturjoghurt, linsenpaste oder tzatziki dazu essen.

ohhhmmm, shanti, ohhhmmm

zutaten (3 – 4 pers.)

- 2 karotten
- 2 gemüsekartoffeln
- 2 pastinaken oder petersilienwurzeln
- 1 kleinen sellerie
- evtl. 1 kleinen hokaido-kürbis
- gomasio (geröstete sesam-salz-mischung)
- bio-süßrahmbutter

anmerkung
hier sollten alle zutaten bio sein!

zutaten (6 pers.)

- 200 g bio-löffelbiskuits, evtl. dinkelbiskuits
- 200 g beeren der saison oder tk-beeren (z.b. johannisbeeren, gemischte rote tk-beeren, erdbeeren, brombeeren)
- 1 p vanillepudding-pulver
- 250 ml bio-schlagsahne
- 1 el rohrohrzucker
- 1 p vanillezucker
- mark einer ausgekratzten vanilleschote
- 1 kleinen becher bio-naturjoghurt
- 250 g magerquark
- amaretto-likör
- 100 g kokosraspeln

deko

- gehackte pistazien
- beeren und essbare blüten (z.b. kapuzinerkresse)

crème elisabeth

eine nachspeise für besondere feste

zubereitung

eine große glasschüssel nehmen. darin sieht die crème elisabeth besonders hübsch aus! die beeren schimmern appetitlich durch! vanillepudding nach packungsanleitung zubereiten. ein wenig abkühlen lassen, muss aber noch gießbar sein! quark und joghurt mit etwas rohrohrzucker verrühren, vanillezucker und vanillemark zugeben. sahne steif schlagen und vorsichtig unterheben. die kokosraspeln zum schluss damit vermengen.

nun geht es los mit dem schichten: unterste schicht besteht aus mittelgroßen stücken vom zerbrochenen löffelbiskuit. mit amaretto beträufeln. dann eine schicht vanillepudding, eine schicht beeren, eine schicht quark-joghurt-sahne-masse, dann wieder von vorne: löffelbiskuits mit amaretto beträufeln usw. die oberste schicht bildet die quarkmasse. darauf streut man noch ein wenig kokosraspeln, darüber einige grüne gehackte pistazien und zur zierde essbare blüten wie z.b. kapuzinerkresse und einige frische beeren.

tipp

wer keinen amaretto-geschmack leiden kann, kann es mit grappa versuchen oder mit einem anderen likör experimentieren (z.b. batida di coco) viel spaß! das ganze geht natürlich auch ohne alkohol, z.b. mit ein wenig saft.

zu ehren von elisabeths fünfzigstem geburtstag, geht auch bei zwanzig, dreißig, vierzig und so

isabellas gebackener apfelmilchreis

kinderleicht und ohne reis-vorkochen

zutaten (4 – 6 pers.)

- 250 g milchreis
- 250 g bio-magerquark
- 200 ml bio-milch
- 2 bio-eier
- 1 bio-zitrone
- 1 kg säuerliche äpfel
- 125 g bio-butter
- 100 g rohrohrzucker
- 2 – 3 msp zimt
- butterflocken

zubereitung

die butter in einen topf bei sanfter hitze schmelzen lassen. danach butter, zucker und eier schaumig rühren. dann quark, milch, saft der zitrone und schließlich den ungekochten milchreis zufügen. gut verrühren.

äpfel schälen und in kleine scheibchen oder stückchen schneiden. in eine feuerfeste glasform die hälfte der quark-milchreis-masse einfüllen, die äpfel daraufgeben, diese mit zimt und zucker bestreuen und dann mit der restlichen masse bestreichen. butterflöckchen und die restliche milch über die masse geben. nochmal etwas zimt drüberstreuen.

die form in den backofen stellen und bei 180 grad (umluft) ca. 70 (!!!) minuten backen. achtung: der reis darf nicht mehr hart sein! eventuell vorkosten!

urig, saftig, lecker

lauras nusspralinen-haselnusskuchen

... und ein strahlendes lächeln zum geburtstag vom chef!

zutaten (ca. 16 stücke)

- 450 g warme bio-butter
- 250 g rohrohrzucker
- 1 p vanillezucker
- 6 bio-eier (mittelgroß)
- 450 g bio-weizenmehl
- 1 p weinsteinbackpulver
- 10 – 11 el bio-milch
- 3 tl kakaopulver
- 125 – 200 g nusspralinen mit nougatcreme
- 100 g haselnusskerne mit haut
- 300 g zartbitterkuvertüre
- 20 g kokosfett
- fett und mehl für die form

zubereitung

eine springform mit rohrbodeneinsatz (26 cm durchmesser) bereitstellen. butter im topf schmelzen lassen, dann mit zucker, vanillezucker, den eiern und 7 – 8 el milch schaumig rühren. mehl darübersieben und am schluss backpulver zugeben und gut verrühren. dann den teig in zwei hälften teilen und in zwei schüsseln geben. in eine hälfte den kakao und zusätzlich 3 el bio-milch hinzugeben und gut verrühren. die teighälften dann abwechselnd in die gut gefettete und bemehlte springform geben. mit einer gabel durchziehen, um den marmoreffekt zu erzielen. die nusspralinen dann gleichmäßig im kuchenteig verteilen.

im vorgeheizten backofen 180 grad (ober- und unterhitze) ca. 60 minuten backen. (fertig, wenn am schaschlik-holzstäbchen, das man in den kuchen steckt, keine teigreste mehr kleben bleiben!). nach dem herausnehmen ungefähr 10 minuten abkühlen lassen.

zwischenzeitlich die haselnusskerne ohne fett in einer beschichteten pfanne rösten, die sich lösende nusshaut entfernen. dann die nüsse grob auf einem brett hacken. die kuvertüre grob hacken und im wasserbad oder im ausgespülten topf vorsichtig schmelzen. das kokosfett zugeben. die masse ein wenig abkühlen lassen. dann den kuchen mit der glasur bestreichen und die haselnüsse draufstreuen. nach ungefähr 30 minuten im kühlschrank ist die glasur fest und der kuchen darf verschenkt oder vernascht werden.

nicht vergessen: in einer hand den kuchen, in der anderen einen strauß leuchtender sonnenblumen. so macht man jedes geburtstagskind glücklich!

nussig, pralinig, zart schmelzend

lauwarmer käse-grieskuchen nach omas art

wärmt herz und seele und ist zart zum gaumen

zubereitung

butter schmelzen lassen und mit zucker, eiern und saft der zitrone schaumig rühren. dinkelgries zugeben, dann den quark dazu und alles gut verrühren. in gefettete springform (26 cm durchmesser) füllen und dünnen kuchen ca. 30 minuten bei 180 grad (ober- und unterhitze) backen. er soll nicht allzu dunkel werden! nur schön goldgelb! dickeren kuchen ca. 40 minuten backen.

unbedingt lauwarm genießen!!! so ist er am besten. hält aber zwei tage! am besten pur! auch mit vanillesoße, roter grütze oder vanilleeis als zugabe. so ist er eine leckere party-nachspeise!

sehr einfach, sehr gut,
für nette freunde zum kaffee

zutaten dünner kuchen
(8 – 10 stücke)

- 90 g bio-butter
- 125 g rohrohrzucker
- 3 bio-eier
- 3 el dinkelgries
- saft einer ½ bio-zitrone
- 250 g bio-magerquark
- ½ p vanillezucker

zutaten dickerer kuchen
(8 – 10 stücke)

- 135 g bio-butter
- 180 g rohrohrzucker
- 5 bio-eier
- 4 ½ el dinkelgries
- saft einer ¾ bio-zitrone
- 450 g bio-magerquark
- ¾ p vanillezucker

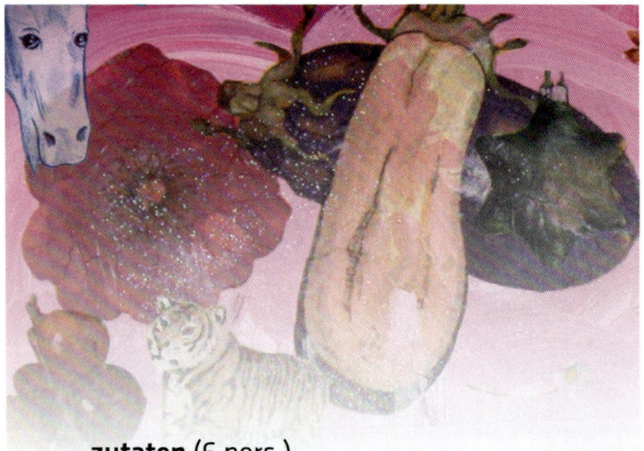

zutaten (6 pers.)

- 1 aubergine
- 2 zucchini
- 1 gelbe und 1 rote paprikaschote
- 1 weiße und 1 rote zwiebel
- 2 tomaten
- 1 scharfe chilischote
- 2 knoblauchzehen
- frischen salbei
- thymian
- rosmarin
- bio-olivenöl
- salz
- pfeffer
- roten balsamicoessig
- crema di balsamico
- evtl. schafskäse oder ziegenkäse zum drüberstreuen

anmerkung
hier sollten alle zutaten bio sein!

anjas gemischte antipasti

sommerlicher grillparty-hit

zubereitung

das gemüse waschen und in dünne scheiben schneiden. die chilischote (evtl. mit küchenhandschuh) waschen, kerne entfernen und in sehr feine scheibchen schneiden. eine knoblauchzehe fein hacken. die kräuter ebenfalls waschen und ganz fein hacken.

achtung: die tomaten werden nicht mitgebacken. sie werden am schluss frisch und roh auf dem gemüse verteilt!

ein backblech mit backpapier belegen und die gemüsescheiben fein daraufschichten, salzen, pfeffern und mit reichlich bio-olivenöl beträufeln. ca. 30 minuten bei 180 grad (umluft) backen, bis das gemüse einige bräunliche stellen hat.

inzwischen auf einer größeren und tieferen platte eine vinaigrette (seite 124) aus rotem balsamicoessig, kräutern, knoblauch, chilifädchen, salz und pfeffer herstellen. das noch heiße gemüse auf dieser vinaigrette-unterlage verteilen, etwas durchmischen und wenden.

nach geschmack ziegen- oder schafskäse krümelig darauf verteilen. mit den frischen tomatenscheiben die antipasti-platte appetitlich dekorieren! malerisch den crema di balsamico darüberziehen.

sommerparty! fröhliche gäste!

horsts geliebte scharfe marmelade

süß und scharf zugleich

zutaten
(ca. 8 schraubgläser à 200 ml)

- 1 ½ kg bio-zwetschgen (entsteint)
- 1 kg bio-gelierzucker 2:1
- ½ l lieblichen rotwein
- ½ tafel zartbitterschokolade 70 %
- ¼ tafel chili-zartbitterschokolade
- 1 kleine mittelscharfe chilischote

zubereitung

zwetschgen waschen und entsteinen. kerne aus der kleinen chilischote entfernen. halbierte zwetschgen und winzig kleine chilischoten-streifen in einen riesengroßen topf geben, gelierzucker drauf, rotwein darübergießen, alles verrühren und zum kochen bringen.

wenn die marmeladenmasse kocht, die klein zerbröckelte schokolade zugeben und verrühren.

achtung bei ceranfeld! marmelade sollte nicht überkochen. angebrannter zucker ist sehr schlecht zu entfernen!

schraubgläser heiß ausspülen, marmelade einfüllen und gläser zugeschraubt auf den kopf stellen. nach ca. 10 minuten wieder umdrehen, so bleibt die marmelade lange haltbar. gläser schön beschriften, z.b. mit weißem permanentmarker. ein restchen bunten stoff oder ein stück serviette nehmen und auf den deckel legen, mit bändchen zuschnüren. so ist es auch ein schönes individuelles mitbringsel.

marmeladig, mit besonderer note

zutaten (6 pers.)

- 6 schweine- oder putenschnitzel (bio oder vom metzger des vertrauens)
- 2 bio-eier
- 250 g semmelbrösel
- ¼ l kochsahne
- 250 g frische champignons oder egerlinge (etwas würziger)
- allzweckwürze
- paprika, edelsüß
- salz
- pfeffer
- bratöl

dazu
baguette, frischen salat der saison

göttliche schnitzelpfanne

schmausen wie gott in penzing

zubereitung

die schnitzel gründlich waschen und mit küchenkrepp trocken tupfen. oben und unten salzen und pfeffern. zwei teller bereitstellen. in einem teller die beiden eier mit einer gabel gut verquirlen. im anderen teller die semmelbrösel verteilen. anschließend die schnitzel einzeln durch das verquirlte ei ziehen und gleich darauf durch die semmelbrösel. dann die brösel leicht andrücken. in einer beschichteten pfanne die schnitzel in hoch erhitzbarem bratöl kross ausbraten. hitze bald zurücknehmen, da schnitzel schnell dunkel werden! häufig wenden.

schnitzel abkühlen lassen und dann in 1 cm dicke streifen schneiden. in eine hitzefeste auflaufform schichten. die geschnittenen champignons oder egerlinge darübergeben. mit allzweckwürze, salz, pfeffer und etwas süßem paprika bestreuen. die kochsahne darauf verteilen und über nacht im kühlschrank durchziehen lassen.

am nächsten tag bei 180 grad im vorgeheizten backofen ca. 30 minuten (umluft) backen. mit etwas brühe (seite 109) und sahne aufgießen.

baguette dazu reichen. beste beilage ist ein erfrischender salat der saison.

tipp
einen tag gibt's schnitzel mit kartoffelsalat – einfach mehr machen!
und am nächsten tag gibt's dann die göttliche schnitzelpfanne ...

göttlich und gemütlich, schlemmen mit freunden

tafelspitz mit muttis meerrettichsoße

super pikant – ein muss zum rindfleisch

zubereitung

gemüse putzen und waschen. 3 l wasser in einem großen topf zum kochen bringen. das fleischstück gut waschen und in das kochende wasser vorsichtig einlegen. rindfleisch braucht ca. 1,5 stunden bis es zart ist. das gemüse und den mit küchengarn zusammengebundenen petersilienbund zufügen, damit es eine intensive suppe wird. gegen ende der kochzeit noch etwas allzweckwürze hineingeben. eventuell ca. 15 minuten vor kochzeitende noch weiteres wurzelgemüse und karotten, lauch etc. zugeben, wenn man mehr gemüse dazu essen möchte, das noch nicht zerkocht ist.

für die soße butter im topf zum schmelzen bringen. ein wenig mehl draufstreuen und mit kleinem schneebesen ständig rührend etwas weiteres mehl – nach dem prinzip der mehlschwitze (seite 118) – meerrettich und brühe (aus dem fleischtopf) zugeben. wichtig ist beständiges sanftes rühren, da das mehl sonst klumpt. es muss eine sämige dickflüssige soße entstehen. zum schluss wird mit gemüsesalz und einer guten prise rohrohrzucker gewürzt. der zucker ist ganz wichtig, er gibt die besondere note! kann mit etwas sahne verfeinert werden, muss aber nicht sein. das gekochte rindfleisch auf einem brett in schmale scheiben schneiden und auf dem teller anrichten. soße daneben auf den teller geben. von dem mitgekochten gemüse dürfen auch einige zerkleinerte teile auf den teller. oder eine große portion wurzelgemüse dazu. oben drauf ein petersilienblatt.

als beilage werden salzkartoffeln gereicht. von der soße immer viel herstellen!!! denn jeder liebt muttis meerrettichsoße! vegetarier bekommen einen bratling statt dem rindfleisch und auch ganz viel soße (hier nur mit gemüsebrühe zubereitet)!

sämig, klassisch, gut

zutaten tafelspitz (4 – 5 pers.)

- 1 kg tafelspitz oder anderes gutes suppenfleisch vom metzger des vertrauens
- 1 – 2 bio-karotten
- 1 stange lauch
- ½ sellerie
- 1 bund petersilie
- 2 el allzweckwürze
- evtl. weiteres wurzelgemüse wie pastinake, petersilienwurzel, karotten, sellerie, lauch

zutaten soße

- 50 g butter
- mehl
- 150 g meerrettich (scharf)
- allzweckwürze
- 1 tl rohrohrzucker
- ½ tl gemüsesalz
- evtl. etwas bio-sahne

es weihnachtet ...

britta kuschelt sich an moose ganz warm und fest,
schneekristalle blinzeln durchs gefrorne fenster,
warm knistert's im kamin,
plätzchenduft durchzieht das stille haus.

susis lebkuchen

gaumenwahnsinn zur weihnachtsfeier – schnell gemacht!

zutaten (ca. 30 stück)

- 400 g bio-marzipanrohmasse
- 200 g gemahlene mandeln
- 200 g haselnüsse
- 200 g rohrohrzucker
- 1 p gemahlene zitronenschalen
- 1 p gemahlene orangenschalen
- 100 ml wasser
- 4 el säuerliche marmelade
- 3 el lebkuchengewürz
- 2 tl weinsteinbackpulver
- eine prise salz
- kuvertüre

zubereitung

marzipanrohmasse mit warmem wasser auflösen. zucker und marmelade hinzufügen und gut verrühren. dann alle anderen zutaten dazu und zu einem geschmeidigen teig vermengen.

mit einem esslöffel kleine häufchen, mit etwas abstand dazwischen, auf ein mit backpapier belegtes backblech setzen.

im backofen bei 150 grad (ober- und unterhitze) ca. 30 minuten backen.
die lebkuchen abkühlen lassen und mit der zerlassenen kuvertüre bestreichen.

die sind so was von lecker!

zutaten (ca. 40 stück)

- 125 g weiche bio-butter
- 50 g puderzucker
- 60 g bio-dinkel- oder weizenmehl (type 1050)
- 100 g speisestärke
- ausgeschabtes mark von einer vanilleschote
- 1 – 2 el puderzucker zum bestäuben
- mehl für die gabel

bereitstellen

frischhaltefolie, backpapier und 2 backbleche

mamas schneeflöckchen

wenn es weihnachtet, schmecken diese zarten wölkchen besonders gut … und sind sehr einfach herzustellen

zubereitung

die weiche butter weiß-cremig rühren. puderzucker fein sieben und mit mehl, speisestärke und vanillemark mischen, dann unter die butter rühren. 1 – 2 el eiskaltes wasser zufügen und gut verkneten. teig in folie wickeln und ca. 30 minuten kalt stellen. vanillemark gewinnt man durch vorsichtiges und gründliches auskratzen der längs eingeschnittenen schwarzen vanilleschote!

backofen auf 175 grad (ober- und unterhitze) vorheizen. aus dem mürbteig ca. 40 kirschgroße kugeln formen und auf zwei mit backpapier ausgelegte bleche legen. mit einer leicht bemehlten gabel etwas flachdrücken. bleche nacheinander in den backofen geben und die plätzchen ca. 12 minuten sanft backen. sie bleiben schön hell! auf ein kuchengitter setzen und auskühlen lassen. dann erst die schneeflöckchen mit puderzucker, mithilfe eines siebes, bestäuben.

vorbereitung dauert ca. 45 minuten, backen ca. 20 minuten, abkühlen ca. 30 minuten.
man kann die plätzchen in der dose ca. 3 wochen aufheben oder gleich futtern …

fein, ganz fein, am feinsten
kalorien egal, einfach genießen!

rosinas brownies

einfach die besten

zutaten
(1 backblech)

- 4 tafeln schokolade (vollmilch, zartbitter oder blockschokolade)
- 250 g bio-süßrahmbutter
- 500 g rohrohrzucker
- 400 – 500 g walnüsse
- 250 g bio-weizenmehl (type 1050)
- 2 p vanillezucker
- 4 bio-eier

bereitstellen

- backpapier
- 1 hohes glas kaltes wasser
- 1 scharfes großes messer
- 1 nudelholz
- 2 backbleche
- küchenkrepp
- bratheber

zubereitung

die schokolade in einen gefrierbeutel geben und mit dem nudelholz zerkleinern. zusammen mit der butter in einem topf schmelzen lassen, dann kühlen. rohrohrzucker mit den eiern schaumig rühren, vanillezucker zugeben und die fett-schoko-schmelze darunterrühren. die walnüsse ebenfalls in der packung mit dem nudelholz zertrümmern und in die masse geben. mehl darübersieben, unterrühren. den rührteig auf ein mit backpapier belegtes backblech streichen und in den auf 175 grad (umluft) vorgeheizten backofen geben. ca. 25 minuten backen. der brownieteig soll noch weich auf fingerdruck reagieren!

ca. 10 minuten abkühlen lassen. dann das glas wasser bereitstellen und den teig mit einem scharfen, spitzigen messer in ca. 2 cm breite streifen schneiden. wichtig: nach jedem schnitt das messer in das wasserglas tauchen! und danach mit küchenkrepp abwischen (sonst gibt es lauter unförmige brocken!!!!). anschließend quer in würfel schneiden und mit bratheber vom backpapier lösen. auf weiterem blech abkühlen lassen. viel naschspaß!

gourmet-tipp
die brownies sind nicht nur leckere weihnachtsplätzchen (haltbar ca. 2 wochen), sondern eignen sich, in größere stücke geschnitten, auch als besonders stilvolles dessert: brownieschnitte muss hier noch lauwarm !!!!!!!!!!!!!!! serviert werden. daneben gibt es eine kugel vanilleeis, ein wenig rote grütze, evtl. vanillesoße und johannisbeeren, himbeeren oder physalis. unendlich gut und heiß begehrt!!!!!!!!!!!

brownies: ob sommer oder winter

zutaten (6 pers.)

- 24 feine oder grobe bratwürstln vom metzger des vertrauens oder auch die kleinen nürnberger bratwürstln (pro person ca. 6 würstln rechnen!)
- mindestens 5 große oder 10 kleine zwiebeln
- 2 bio-karotten
- 1 p sauerbratengewürz
- ¼ l balsamicoessig, weiß
- 2 el balsamicoessig, rot
- 1 el rohrohrzucker
- salz
- pfeffer
- 1 el allzweckwürze
- petersilie

dazu
bio-spitzln, semmeln, bauernbrot

unsere sauren bratwürstln

24. dezember – mittags mit der familie … und abends gleich nochmal

zubereitung

großen topf zur hälfte mit wasser füllen und wasser zum kochen bringen. allzweckwürze zugeben, balsamico weiß und balsamico rot zugeben, das sauerbratengewürz dazu, salzen, pfeffern, rohrohrzucker dazu und alles gut aufkochen lassen.

zwischenzeitlich die zwiebeln in feine ringe oder stücke schneiden. karotten waschen und in ganz kleine stückchen schneiden. zwiebeln und karottenstückchen zum sud geben und ca. 20 minuten kochen lassen. den sud gut mit zucker, salz und pfeffer, evtl. noch allzweckwürze abschmecken. es muss ein süß-saurer, leicht essighaltiger geschmack sein, fein und vollmundig. nicht scharf und nicht fahl-säuerlich, sondern richtig rund und süß-sauer! dann ist es der beste bratwürstl-sud. und so werden die würstln zum weihnachtsfestessen! also üben!

herdplatte ausschalten und die gewaschenen bratwürstln in den sud legen. einfach im heißen sud ca. ½ stunde ziehen lassen. vor dem servieren nochmals kurz erhitzen.

achtung!!! die bratwürstln dürfen niemals k o c h e n !!!!! sie platzen sonst sofort auf und sind dann nicht mehr schön!

dazu gibt's traditionell bio-spitzln, ein gutes bauernbrot oder eine einfache semmel, je nach geschmack.

entspannend und umwerfend weihnachtlich – die sauren!

inges und barbaras weihnachtsspeise (makufki)

gibt es nur am heiligen abend, sowohl in amberg wie auch in kiel

zubereitung

hefeteig
gesiebtes mehl in schüssel geben, ei, zucker und hefe in die mitte geben. alles, was in der mitte ist, etwas verrühren. butter in topf schmelzen lassen und ebenfalls in die mitte geben. eventuell noch etwas lauwarme milch dazu bzw. frische hefe in der mitte mit der milch zum vorteig gehen lassen. fertighefe nach packungsanleitung untermischen, dann mit den händen einen nicht mehr klebrigen teig kneten.

mohnmasse
backmohn oder nach packungsanweisung gekochten bio-mohn mit ei vermischen. aus dem hefeteig faustgroße knodel formen und eine mulde bilden, hier kommt der mohn hinein. muss nicht so perfekt aussehen, da die hefe-mohn-knödel später zerschnitten werden. knödel eng aneinander in eine tiefe metallpfanne schlichten. mit milch bepinseln. bei 180 grad (ober- und unterhitze) im vorgeheizten ofen ca. 20 minuten backen.

endgültige weihnachtsspeise
abgekühlte hefe-mohn-knödel in dünne scheiben schneiden und in schüssel schichten. milch im topf mit viel zucker heiß werden lassen, auf die teigscheiben in die schüssel gießen. schweren teller darauflegen und milch von den scheiben aufsaugen lassen. butter in topf braun einschmelzen lassen, bis die butter leicht schaumig ist. dann auf die masse gießen und mit viel rohrohrzucker bestreuen. nach abkühlen in den kühlschrank. hält bis zu drei tage! gegessen wird makufki zum ersten mal an heiligabend nach der bescherung!!! für gourmets als exquisite nachspeise einen großen löffel makufki auf schönem großen teller anrichten. dazu rote grütze, tk-beeren, vanilleeis und vanillesoße.

frohes fest!

zutaten hefeknödel mit mohn (6 pers.)
- 500 g bio-weizen- oder dinkelmehl
- 1 bio-ei
- 100 g rohrohrzucker
- 100 g butter
- 1 p trockenhefe
  (oder 1 würfel frische hefe)
- 3 el lauwarme bio-milch

zutaten mohnmischung
- 1 p backmohn oder
  bio-mohn (kochen nach anweisung)
- 1 bio-ei

zutaten endgültige weihnachtsspeise
- ½ – ¾ l bio-milch
- 1 ½ – 2 el rohrohrzucker
- 50 – 100 g butter

eigene gerichte und gedichte

hier ist platz für persönliche lieblingsrezepte
und poetische gedanken –
zum schlemmen und träumen,
zum verewigen und verschenken.

zutaten

zubereitung

zutaten

zubereitung

zutaten

zubereitung

zutaten

zubereitung

zutaten

zubereitung

zutaten

zubereitung

zutaten

zubereitung

unumgängliche küchentipps

kniffe & tricks rund um den haushalt

die unumgänglichen küchentipps sind kniffe und tricks aus dem erfahrungsschatz der autorin, die sie küchenanfängern und anderen kochwilligen an die hand geben möchte, damit die lieblingsrezepte von moose und britta und ihren freunden auch gut gelingen und das vorbereiten, kochen und essen richtig freude macht.

a wie …

abwasch

es empfiehlt sich, den abwasch gleich zu machen! das ist immer am besten! auch wenn's schwerfällt. grund: schlechte gerüche am nächsten morgen vergällen das gemütliche frühstück … und: der abwasch ist am morgen danach auch nicht schöner. deshalb gilt folgende regel: seid ihr zu zweit, macht ihr es so: **you cook, i'll clean!** oder umgekehrt. und schon ist alles nur noch halb so schlimm. pfannen und töpfe, die anhaftungen haben, könnt ihr mit einem spritzer antifett-spüli und heißem wasser einweichen und ausnahmsweise später oder am nächsten tag abspülen. das geht dann viel leichter. bei pfannen nur bürste oder weichen schwamm verwenden, nichts kratziges! davon geht die beschichtung kaputt und das bedeutet: pfanne entsorgen, da krebserregende stoffe entweichen können. man darf auch niemals in beschichteten pfannen mit messer oder gabel herumstochern!

abfalltrennung

bitte je nach gepflogenheiten der jeweiligen stadt oder region sorgsam müll trennen. schon allein aus umweltschutzgründen! mindestens jedoch papier und restmüll, plastik und bio-abfall trennen. ganz fleißige trennen auch kronkorken, korken, metall, aluminium usw. ein muss ist auch, dosen und flaschen zum abfallcontainer zu bringen. der lohn für die mühen ist ein reines gewissen.

b wie …

backen

was ihr auch backen wollt: ofen vorheizen! achtung umluft bäckt und brät schneller und intensiver als ober- und unterhitze. also lieber öfters mal nachschauen und/oder holzstäbchentest (mit schaschlikstäbchen) oder blicktest (ist's noch kross und knusprig oder schon verbrannt?) machen. immer küchenuhr stellen! lieber zeit etwas kürzer als angegeben einstellen und nach gar-check noch mal nachstellen. kuchen auf gitterrost abkühlen lassen. nicht gleich unter abdeckhaube oder sonstigem plastik verstecken. lieber mit geschirrtuch abdecken wegen kondenswasser! puderzucker erst nach abkühlung drüberstreuen, sonst schmilzt er einfach weg.

brot / brotsuppe

brot liebt trockenes klima und schimmelt leicht, wenn es luftdicht in plastik verpackt ist. zu lange nur im papier wird es schnell hart. also am besten: brot in kleinen mengen öfter frisch kaufen. toastbrot hält länger, wenn es im kühlschrank aufbewahrt wird. man kann es auch einfrieren und scheibenweise toasten. aus älterem brot kann man gute brotsuppe machen. das einfachste gericht der welt. brot in kleine mundgerechte stücke schneiden. tiefen teller mit koblauchstückchen (frisch oder tk) füllen, petersilie und einen teelöffel brühe dazu, salz und pfeffer nach geschmack, brotwürfel drüber und mit kochendem wasser übergießen. etwas ziehen lassen. maggi drüber, wenn gewünscht. extrem lecker. ist noch mehr hartes brot übrig: bitte in papiertüten aufbewahren und dann an hühner- oder pferdebesitzer weitergeben → dankbarkeit ist euch gewiss!

basilikum
basilikum im topf ist ein muss für jede küche. achtung: basilikumpflanzen brauchen viel wasser! vor dem urlaub lieber verschenken! vom basilikum knipst man immer zwei gegenüberliegende blättchen mit den fingernägeln ab. so hält der topf länger her und die pflanze wächst und gedeiht auch am fensterbrett.

brühe
brühe ist in heißem wasser aufgelöste allzweckwürze. ich persönlich verwende am liebsten „würzl hefefrei“ aus dem bioladen. aber auch suppenwürfel oder andere gemüsebrühen sind möglich.

c wie ...

chatten
tauscht eure lieblingsrezepte aus! es gibt nichts besseres als erprobte einfache lieblingsgerichte von guten freunden.

cerankochfeld
handelsüblichen ceranreiniger benutzen ist hier sinnvoll! außerdem braucht man einen kochfeldschaber (siehe seite 117). reste auf dem ceranfeld schnell entfernen. achtung besonders bei zucker: nicht überkochen lassen! brennt ein! dasselbe gilt für alle arten von kochplatten! bald putzen. das lohnt sich und ist weit weniger arbeit als wenn alles erst tagelang eingetrocknet ist. und natürlich muss man nicht erst dann putzen, wenn man eigentlich schon wieder hunger hat und kochen will ...

d wie ...

dosen
vor dem öffnen bitte die dosen immer kurz am deckel abwaschen. staub und schmutz vom transport und supermarkt gelangen sonst in den inhalt! igitt! reste trotz neuer doseninnenwände besser in keramik-, glas- oder plastikschälchen umfüllen. sicher ist sicher. so halten sich die reste abgedeckt im kühlschrank noch ein bis zwei tage.

dreckig
sollte eine küche oder kochstelle nie sein. also immer fett und andere überreste gleich wegwischen. am besten mit einem feuchten ovalen gelben küchenschwamm. der hat sich am besten bewährt. nachtrocknen mit geschirrtuch.

datteln
wer nicht dauernd schokolade essen und trotzdem nicht auf süßes verzichten will, kann auch mal eine getrocknete dattel oder feige naschen. oder auch einige pistazien. sind gesünder und können in alten gut gewaschenen und getrockneten schraubgläsern aufbewahrt werden und sind so immer griffbereit. die dattel ist zum beispiel das schlafmittel der alten ägypter gewesen. also, eine dattel als betthupferl ist ok. trockenfrüchte haben natürlich etliche kalorien, sind aber sehr gesund.

daheim
daheim schmeckt's am besten. das stimmt wirklich. übung macht auch hier den meister. daheim kann man die optimalen zutaten verwenden und es kostet trotzdem nur einen bruchteil vom restaurant. nicht vergessen: you cook, i'll clean! oder umgekehrt – erleichtert alles! am schönsten ist es, gemeinsam zu kochen.

e wie ...

essen

wie oft und wann und warum, darüber scheiden sich ewig die geister. aber in zeiten von hektischen kochwettbewerben, sport-, gesundheits- und diätwahn möchte ich euch gerne ans herz legen:

- am besten ihr behaltet euer natürliches essverhalten bei, fangt erst niemals mit diäten an und achtet einfach auf ein paar simple tricks: glas wasser vor dem essen. kleineren teller benutzen. töpfe und pfannen zum nachfassen gar nicht erst auf den tisch stellen. langsam essen. gut kauen. mit wenig gutem öl und eher fettarm in beschichteten pfannen braten. wenig fertiggerichte. lieber einfaches, frisches essen zubereiten. und wenn's mal auf bikini oder badehose zugeht: abends ab und zu keine kohlenhydrate essen ... das hat sich absolut bewährt. also nur fleisch und salat oder nur käse und olive oder nur joghurt.
- gute & gesunde, wenn möglich auch oft bio-produkte verwenden. einfache gerichte aus „gerichte und gedichte" kochen/zubereiten. ein schnittlauch- oder tomatenbrot ist eine wunderbare mahlzeit. scheibe brot, joghurtbutter drauf, dünne tomatenscheiben darüber schichten und mit gewürzsalz und pfeffer bestreuen. das gleiche gilt für schnittlauchbrote.
- achtet auf eine schöne präsentation eures gerichtes, sei es noch so einfach. denn das auge isst noch immer mit!!! ein blättchen basilikum oben drauf. einen puderzuckerrand bei süßspeisen. ein abgewischter rand der gläsernen salatschüssel. eine bunte papierserviette neben dem teller. kleinigkeiten bewirken großes.
- achtet auch auf eure essmanieren! begonnen wird erst, wenn alle da sind – inklusive koch/köchin! messer und gabel schön mit den spitzen nach unten halten und messer nie zum mund führen. messer und gabel am schluss parallel nebeneinander auf dem teller ablegen. über kreuz heißt, ihr wollt noch weiteressen. essen ist kultur.

einbrenne

siehe „m" wie mehlschwitze. das ist dasselbe!

ei-ersatz

siehe „p" wie pech

f wie ...

fernsehen

wer beim fernsehen isst, isst erwiesenermaßen mehr als er normalerweise essen würde und mehr als er hunger hat = kalorienfalle! lieber ohne ablenkung gemütlich speisen. gut kauen und langsam essen. das ist gesünder und schöner.

fisch

fisch essen ist gesund. mindestens 1 bis 2 mal pro woche muss fisch auf den tisch. auch wegen der omega-3-fettsäuren. fisch geht frisch, als tiefkühlware oder auch mal in der dose, in aspik oder wie auch immer. allerdings gibt es auch fette fischsorten, z.b. aal, oder auch panierte fischstäbchen oder backfisch sind eher fett. ist aber immerhin noch fisch. zu fisch schmecken fast alle beilagen gut: lachs mit nudeln, fischpfanne mit reis, fischstäbchen/backfisch mit kartoffelsalat, seehecht mit rosmarinkartoffeln oder einfach baguette oder brot dazu, auch auf toast schmeckt fisch lecker. übriggebliebene fischstäbchen im kühlschrank aufbewahren und abends auf toast mit einem salatblatt darunter und mayonnaise darauf genießen. achtung: gräten können auch in filets sein!! fisch immer separat kauen und beilagen extra essen → lebensversicherung.

frisch

bitte möglichst viele frische zutaten verwenden. der gesundheit zuliebe. denn frische zutaten, die auch nicht lange im kühlschrank gelagert werden, enthalten noch viele vitamine und nährstoffe. der vitaminverlust ist auch im kühlschrank dramatisch. mitunter ist der vitamingehalt in tiefkühlkost höher als bei lange im kühlschrank gelagertem gemüse oder obst. frisch heißt: kurze transportwege, kurze lagerungszeit, frisch verarbeitet.

g wie ...

gewürze und zutaten

im vorratsschrank sollten sein:

gewürze

- kräutersalz, meersalz, ursalz
- geschroteter und gemahlener schwarzer, weißer, bunter pfeffer
- kümmel (für rote beete, sauerkraut)
- allzweckwürze (z.b. würzl hefefrei von eden)
- bio-gewürze von herbaria wie z.b. curry („farben von jaipur") oder paprika („aus szeged" edelsüß), currymischung für suppen oder eintöpfe („kürbiskönig")
- bratkartoffelmischung
- sauerbratengewürz (z.b. für saure bratwürstln)
- chilipulver, feurig-fruchtige mischung aus der mühle
- kurkuma (für indische gerichte, sehr gesund)

backzutaten

- rohrohrzucker, vollrohrzucker, honig, agavendicksaft, ahornsirup, puderzucker, bourbon-vanillezucker
- weinsteinbackpulver
- bio-orangen- und zitronenschalen
- agar-agar oder tortenguss
- bio-zimt

frische zutaten

- knoblauch, ingwer, kräuter aller art (auch tk oder getrocknet), chili, zwiebeln, rot und weiß

öl, essig, senf, soßen

- olivenöl, bratöl, kokosöl (-fett), kürbiskernöl, sesam- oder nussöl, arganöl (gesund, aber teuer)
- balsamicoessig, weiß und rot, crema di balsamico
- honigsenf, orangensenf, dijonsenf, süßer senf, mittelscharfer senf, evtl. scharfer senf
- bio-sojasoße, bio-zitronensaft, orangensaft

achtung: bei curry und zimt ist bio besonders wichtig, da konventionell schadstoffbelastet

googeln

habt ihr ein spezielles koch- oder rezeptproblem: googeln hilft fast immer! noch netter: mal wieder daheim anrufen und nachfragen!!! freude über den spontanen anruf ist gewiss!

h wie ...

haltbarkeitsdatum

erst kürzlich gab es eine große öffentliche debatte um lebensmittelverschwendung und nachhaltiges wirtschaften. fazit: haltbarkeitsdaten sind erzwungene vorgaben, die nicht notwendigerweise bedeuten, dass das produkt nicht mehr gut und genießbar ist. also wie man's früher schon gemacht hat: an der milch riechen, am quark schnuppern, den joghurt testen, das toastbrot begutachten, die anderen produkte googeln, wie lange man sie nach ablauf noch essen könnte ... und wenn man dann noch ein gutes gefühl dabei hat: essen! achtung allerdings bei wurstsorten, fisch, fleisch, pilzen und ähnlichem: hier nur frisch essen und datumsgrenze unbedingt einhalten.
aus bananen, die außen nicht mehr ansehnlich sind, kann man noch eine herrliche nachspeise zaubern: in beschichteter pfanne etwas butter zerlassen, bananen schälen, halbieren und leicht anbraten. gut honig drüberträufeln! etwas durchziehen lassen. mit einer kugel vanilleeis und zerlassener schokolade servieren. einzigartig bananig!
aus tomaten, die nicht mehr 100%ig fest sind, kann man gute tomatensuppe machen. tomaten heiß übergießen, häuten, mit heißem wasser und brühe aufkochen. kräuter und/oder knoblauch zugeben. garnelen mitkochen. oder reis vom vortag zugeben → leckeres süppchen!
aus nicht mehr taufrischen pfirsichen lässt sich kompott herstellen. obst waschen, in ecken schneiden, mit haut in heißem wasser nur ca. 5 minuten aufkochen. etwas zucker oder honig zugeben. abkühlen lassen (auch lecker mit äpfeln, aprikosen).

hitze

alle herdplatten: vorsicht! niemals hände ablegen. grundsätzlich nicht! in jeder küche lauert verbrennungsgefahr! besondere achtung vor heißem öl!!! kann sich sogar entzünden – stichflamme möglich → wenn möglich, deckel drauf! niemals mit wasser löschen! gefäß sofort weg von der platte!!!

- resthitze kann zum aufwärmen von abwaschwasser genutzt werden.
- backofen stets vorheizen!
- gitter und bleche mit küchenhandschuh rausziehen!

sommerhitze

getränke kühl stellen, essensreste in den kühlschrank!

i wie ...

immer

- immer küche lüften
  (besonders nach braten von fisch, fleisch etc.)
- immer frisch einkaufen
- immer zeit nehmen zum essen
- immer wieder mal experimentieren
- immer viel spaß haben beim kochen und essen

j wie ...

ja

- ja zu regional & saisonal
- ja zu bio & slow food
- ja zu wenig fleisch, wenig fett, viel gemüse
- ja zu gesundem frischen essen

jägersoße

klein gehackte zwiebel in wenig öl andünsten, 1 tl brühe (seite 109) drüberstreuen, mit etwas wasser aufgießen, ein glas erste-wahl-champignons abgießen, inhalt über die soße geben, umrühren, etwas sahne draufgießen, salzen, pfeffer nach geschmack. passt gut zu semmelknödeln oder als füllung für pfannkuchen pikant (seite 69; hier mit mehlschwitze – seite 118 – sämiger machen!).

k wie ...

kochen

regelmäßig ein warmes, wenn auch einfaches essen kochen. das gibt ein gefühl von sattwerden und von heimat. es lohnt sich immer, auch wenn man alleine ist.

küche

die küche ist das herz der wohnung. also freundlich einrichten. dunstabzug, wenn möglich, unbedingt aber fenster zum lüften! fensterbänke für kräuter sind gut. praktische schränke und besonders auszüge helfen, küchenutensilien leichter zu finden. gewürzregal neben dem ofen ist sinnvoll! zwei spülbecken sind gut. eins zum abwaschen mit spüli, eins zum klarspülen. oder eins zum gemüsewaschen. leicht zu pflegender boden ist wichtig. kunst an der wand sollte auch nicht fehlen (küchenpoesie siehe seite 4) → beflügelt beim kochen! ebenso wie gute musik!

kalorien

kalorien sind absolut zweitrangig. an erster stelle steht gesundes, frisches essen! hat man gewichtsprobleme oder will man keine bekommen, ist es gut zu wissen, wieviele kalorien oder fett die einzelnen lebensmittel haben. weitaus wichtiger ist es jedoch zu wissen, welche vitamine in den einzelnen produkten sind und wo sie herstammen (bio, metzger des vertrauens usw. – besonders bei eiern und fleisch). die sog. „ernährungspyramide“ (wenn nicht bekannt, bitte googeln) ist auch ein guter wegweiser für gesunde ernährung.

kräuter

kräuter sind enorm wichtig für gesundes, vitaminreiches und schmackhaftes kochen! wichtig: kräuter immer erst am schluss zugeben, sonst gehen die vitamine verloren! ausnahme: suppenfleisch, da muss die mischung gleich dazu! am besten immer bio-kräuter verwenden und bei bedarf ein kräuterbuch kaufen.

die wichtigsten küchenkräuter

- petersilie (fleischpfannen, gemüsepfannen, fisch, kartoffelsalat, eintöpfe, salate, etc.)
- basilikum (tomatensalat mit mozarella, pizza, salate)
- dill (fisch, gurkensalat, kartoffelsalat, eintöpfe)
- knoblauch (frisch/tk, zu allem nach geschmack, vorsicht: kann feine aromen übertrumpfen)
- thymian, rosmarin (fleisch, italienische küche)
- bohnenkraut (bohnen, eintöpfe)
- kresse (salate aller art)
- sprossen (salate aller art)
- zitronenmelisse (süßspeisen, drinks)
- maggikraut / liebstöckl (suppen, eintöpfe, gemüse)
- tiefkühlmischungen: acht kräuter, knoblauch-duo, italienische kräuter, dill, schnittlauch, petersilie
- tiefkühlmischung suppengemüse: hervorragend für suppe, gulasch etc.
- rucola und bärlauch können kleingeschnitten auch wie gewürze verwendet werden

kochfeldschaber
dieses kleine reinigungsgerät, mit austauschbaren klingen, ist nicht nur zur kochfeldreinigung unabdingbar, sondern auch sehr hilfreich beim fensterputzen oder fliesenreinigen, um vorsichtig hartnäckige flecken zu entfernen.

küchenhelfer

- bretter
- bratwender
- küchenzange
- schneebesen (groß und mini)
- teigschaber
- silikonpinsel
- kuchenheber
- siebe
- rührstab

l wie ...

leergut

- bitte leergut fleißig sammeln und in den getränkemarkt zurückbringen
- pfandfreie flaschen im container entsorgen
- achtung: eine einzige falsch eingeworfene flasche verunreinigt den gesamten container!!!
- für saubere umwelt sorgen!!!
- möglichst glasflaschen benutzen und dadurch weichmacher in plastikflaschen meiden

super umweltfreundlich sind z.b. auch sodastreamer, mit denen man sich selber mineralwasser machen kann. die anschaffung lohnt sich. nebeneffekt: keine kästen mehr schleppen! stauraum gespart!!! vorab qualität des leitungswassers prüfen!

leere tetrapacks
schön falten, in plastikabfall entsorgen.
kann wunderbar recycelt werden!

lust am kochen
kann man immer wieder neu entfachen.

- mit freunden rezepte ausprobieren!
- eine kochsendung angucken
- im feinkost- oder bio-laden bummeln gehen

lachen
lachen ist seelenfutter. lachen ist genauso wichtig wie essen.
lachen ist gesund.

m wie ...

mehl

- weizen z.b. für helle kuchen, gebäck aller art, mehlschwitze (= einbrenne)
- roggen z.b. für brot, dunkles gebäck, vollkornkuchen
- dinkel z.b. für pfannkuchen, gebäck aller art, meist sehr gut verträglich!

mehl, wenn möglich, in bio-qualität kaufen, ebenso weinsteinbackpulver statt normales backpulver!

mehlschwitze

mehlschwitze, auch einbrenne genannt, ist basis für soßen und suppen und wird wie folgt hergestellt: 2 el butter erhitzen, danach ca. 1 el flüssigkeit (milch, wasser oder brühe) zugeben und vorsichtig rührend 1 el mehl hinzugeben. dann so lange rühren, bis keine klumpen mehr da sind.

metzger

es ist gut, einen „metzger des vertrauens" zu haben, d.h. man weiß, woher der metzger das fleisch bezieht und es stammt aus der region. hackfleisch sofort verarbeiten! hühnchen nicht im plastik lassen, sondern in keramik umfüllen (salmonellen-gefahr)!

milch

- milch und milchprodukte sollten aus gesundheits- und umweltgründen möglichst bio gekauft werden. das garantiert allerdings noch nicht, dass die kühe auch eine weide oder bergwiese zu sehen bekommen. die suche nach milch von solchen kühen ist mitunter schwierig. aber bio ist besser als nicht bio – auch von der fütterung der kühe her. neuerdings gibt es die sog. weidemilch!
- milch kochen: immer den topf vorher mit wasser ausspülen, dann haftet die milch nicht an. achtung: wenn die milch zu kochen anfängt, steigt sie schnell hoch!!! also immer zur stelle sein und topf schnell wegziehen von der kochstelle oder gleich mit dem rührbesen z.b. den pudding einrühren. achtung: pudding brennt schnell an! immer rühren, so lange masse blubbert!

n wie ...

nudeln (und lasagne)

- nudeln = pasta → immer in großem topf und mit reichlich wasser kochen. wenn das wasser sprudelt, eine gute prise salz zugeben und bitte immer auf kochzeit achten! sind die nudeln zu weich, schmecken sie nicht. manche leute essen nudeln gern „bissfest“ = al dente. menge: ca. 100 g (beilage) und ca. 150 g (hauptgericht) pro person.
- bei lasagne-platten darauf achten, dass sie ohne vorkochen zu verarbeiten sind! das macht die lasagne-herstellung leichter. muss es einmal sehr schnell gehen, kann man bechamel-soße fertig kaufen. bolognese-mischung im glas, lasagne-platten, bechamel-soße und zucchini- / karotten-scheibchen abwechselnd in ein feuerfestes gefäß, geriebenen käse drüberstreuen und 30 minuten ab in den ofen bei 180 grad. superschnelles sättigendes essen. salat dazu. fertig.
- am gesundesten und auch sehr schmackhaft sind vollkorn-nudeln! etwas längere kochzeit beachten!
- sind nudeln übrig geblieben, gibt man sie in eine schüssel, mit ein wenig öl durchmischen, damit sie nicht aneinander-kleben. am nächsten tag nudelsalat daraus herstellen. ein leckeres rezept gibt's im rezeptteil (siehe seite 72).

nein sagen

- nein zu zuviel fleisch & zuviel fett
- nein zu zuviel zucker
- nein zu junkfood
- nein zum nachschlag (manchmal auch nicht ...)
- nein zur verschwendung von lebensmitteln

o wie ...

organisieren

- grundnahrungsmittel immer daheim haben
- einkaufszettel schreiben und möglichst nur das einkaufen, was draufsteht
- frische lebensmittel schnell aufbrauchen
- das erleichterungsprinzip: you cook, i'll clean
- wenn möglich, ein warmes essen pro tag
- mit freunden kochen (jeder bringt was mit, jeder hat eine bestimmte aufgabe)
- vor dem urlaub kühlschrank leeren → fresskorb für freunde machen! die gießen dafür die blümchen
- abfall regelmäßig entsorgen (schlechte gerüche, bakterien!)

p wie ...

praktisch

- ausziehschübe
- etageren (platzsparend für obst, kekse, etc.)
- küchengeräte wie mixer und rührstab, toaster und kaffeemaschine, natürlich geschirrspüler, aber auch abtropfvorrichtung für geschirr
- gute küchenschwämme, microfasertücher, genügend geschirrtücher
- kurze arbeitswege
- mindestens zwei bis drei beschichtete pfannen
- mehrere abfalleimer erleichtern die mülltrennung
- je ein geschirrtuch und ein handtuch nutzen; nicht vertauschen! hygiene!!!

puderzucker

kann im notfall normalen zucker ersetzen (auch bei kuchenrezepten). sieht toll aus auf den nachspeisenteller gestäubt, dann erst teller befüllen. siehe dazu auch „b“ wie backen.

pech

- wenn die milch sauer ist → weg damit!
- wenn etwas schimmelt → unbedingt weg damit!
- wenn etwas angebrannt ist → meistens hilft nur: weg damit!
- wenn die eier aus sind und man kuchen backen will ... pech gehabt. dann hilft entweder ein rezept mit biskuit- oder keks-zertrümmerung → mit zerlassener butter einen krümelteig herstellen und diesen lecker mit früchten belegen oder als **ei-ersatz**: bananen- oder apfelmus.

q wie ...

qual

- unendlich zeitaufwändige und komplizierte gerichte müssen nicht unbedingt die besten sein ...
- einfache, schnelle gerichte aus guten frischen produkten sind genauso schmackhaft! also: nicht quälen, sondern beschwingt drauflos kochen!

quark

quark ist extrem gesund! kann süß (erdbeerquark) oder auch pikant (kräuterquark) zubereitet werden. magerquark ist am kalorienärmsten und kann mit ein wenig milch oder fettarmen joghurt sämig gerührt werden. man kann auch ein wenig obstsaft zufügen.

- quark süß: mit kleinen stückchen von erdbeeren, ananas, mandarinen, bananen und etwas milch den magerquark verrühren, obst evtl. mit gabel zerdrücken.
- quark pikant: schnittlauch, petersilie, frühlingszwiebeln, bärlauch oder andere grüne gartenkräuter oder auch klein geschnittener bunter paprika mit quark verrühren. mit etwas milch oder joghurt geschmeidig machen.

r wie …

rösten

z.b. kürbis- oder sonnenblumenkerne oder auch sesam in beschichteter pfanne (ohne öl!) rösten. fertig geröstet sind die kerne, wenn sie zu knacken anfangen. das ist eine leckere zugabe zu jedem salat! reste auch zum knabbern geeignet. delikat: ablöschen mit einem schuss sojasoße! sofort vom herd nehmen! brennt schnell an!

reinigen

pfannen nur mit spüli und bürste reinigen! nie in den geschirrspüler! nie mit stahlwolle oder kratzigem schwamm bearbeiten! die beschichtung geht ab!

reste

- essensreste gut abgedeckt im kühlschrank aufbewahren. am nächsten tag erwärmen, ein wenig wasser zugeben, ständig umrühren. aus gebratenen fleischresten kann man z.b. eine reispfanne machen: hierzu fleisch in kleine stücke schneiden, reis kochen (im reiswasser z.b. tk-erbsen mitkochen), mit dem fleisch, wasser und allzweckwürze in pfanne erhitzen.
- aus nudelresten kann man verschiedenste nudelsalate zubereiten. aus einem übrig gebliebenen schnitzel kann man eine variante der schnitzelpfanne machen (mit champignons oder gemüse). → auch hühner lieben essensreste. ein huhn irrt nie!

s wie …

sauber

küchen und kochplätze insbesondere sollten immer möglichst sauber und hygienisch sein. gläser gleich nach abwasch mit geschirrtuch trocknen. es bilden sich leicht schlieren. restliches geschirr kann man abtropfen lassen.

salat

salat gut waschen, insbesondere feldsalat (im wasserbad schwimmen lassen, so setzt sich der sand ab). nicht zu lange im wasser liegen lassen, es droht vitaminverlust! jedes gemüse und obst gründlich waschen. je frischer der salat ist desto mehr vitamine enthält er.

schneiden

- scharfe messer sind wichtig, aber gefährlich, auch für profis! also vorsicht!
- nur auf rutschfesten brettern schneiden!
- tomatenmesser mit spezieller spitze sind sehr praktisch, um den grünen kleinen strunk der tomaten zu entfernen.
- ein wellenschliff-brotmesser, buttermesser und tomatenmesser gehören in jede küche.
- fleischmesser muss ab und zu geschärft werden mit einem wetzstab.
- weiches brot extrem vorsichtig ansägen und dann erst schneiden!

saft(ig)
achtung! fruchtsäfte haben viele versteckte kalorien! saftschorle ist besser! angebrochene saftflaschen oder tetrapacks im kühlschrank aufbewahren, sie halten dort 3 – 4 tage.

- saft kann für tortenguss verwendet werden oder auch für vinaigrette (besonders orangen-, zitronen- und himbeersaft).
- kuchen wird saftig, wenn er mit orangensaft beträufelt oder mit likör getränkt wird.

süß

- gesünder süßen kann man mit ahornsirup, agavendicksaft oder honig.
- rohrohrzucker ist gesünder als raffinierter zucker!
- puderzucker und brauner zucker sind weitere möglichkeiten zum süßen.
- künstliche süßstoffe absolut meiden! sie sind schlichtweg ungesund und bewirken langfristig eher eine gewichtszunahme!
- bei heißhunger auf süßes: trockenobst ist eine gesunde alternative! eine handvoll nüsse knabbern hilft auch.

t wie …

trocken

- viele lebensmittel wie z.b. mehl, zucker, trockenfrüchte, nüsse brauchen eine trockene umgebung zur lagerung.
- regelmäßig auf ungezieferbefall prüfen (mehlmilbe, lebensmittelmotte, evtl. falle aufstellen).

tee

- tee mit sprudelnd heißem wasser übergießen
- teebeutel nicht ewig im wasser hängen lassen
- teekanne vorher mit heißem wasser ausspülen → tee hält länger warm
- grüner tee wird bitter, wenn er zu lange zieht

tanzen
in küchen und während dem kochen darf gute musik nicht fehlen. das fördert die kreativität und hält zudem fit, wenn man dazu tanzt … (nicht beim hantieren mit messern, wohl aber in wartephasen).

u wie ...

umluftbacken

achtung: umluftbacken bedeutet kürzere garzeit und schnellere bräunung. meist werden unterschiedliche gradzahlen für umluft und ober-/unterhitze angegeben. bei fleischgerichten ist umluft gut. bei kuchen ist ober- und unterhitze besser, da sanfter.

umdrehen

manche gerichte wie z.b. tintenfischringe, backkäse, kartoffelscheiben muss man auf dem blech (backpapier) nach der hälfte der backzeit wenden. achtung: alles ist heiß! topflappen und zange verwenden! akute verbrennungsgefahr!!!

urlaub

- kühlschrank rechtzeitig leeren – reste aufbrauchen
- auch haltbare vorräte im gefrierfach/-schrank reduzieren
- kühlschrank mit zitronensaft säubern (besserer geruch) oder eine tasse mit baking soda/backnatron (saugt gerüche auf) in den kühlschrank stellen
- basilikumtopf vom fensterbrett nehmen und verschenken! braucht täglich wasser!
- blumengießdienst organisieren
- keine verderblichen sachen aufbewahren → fresskorb für freunde machen!

v wie ...

vorbacken

tortenböden und trockene kuchen kann man gut einen tag vor dem besuch backen. bleiben frisch unter einer plastikhaube. aber erst auskühlen lassen! – ach und dann gibt es noch „**blindbacken**“: tortenbodenteig in form andrücken, backpapier drauf und getrocknete erbsen drauffüllen → backen! so bleibt der tortenboden in form und wirft keine blasen! erbsen und papier vor dem belegen wieder entfernen.

vorbereiten

wenn eine feier ansteht: listen schreiben – organisation ist alles

- einkaufsliste
- timing-liste (was kann wann und wie vorbereitet werden)
- stress vermeiden und freunde/verwandte um hilfsdienste bitten
- tisch rechtzeitig decken. kommt besuch nachmittags, bereits vormittags tisch decken, dann kann man sich auf die anderen vorbereitungen konzentrieren und hat noch muße, alles schön herzurichten. statt tischdecke kann man auch eine schöne serviette unter die teller legen. messer rechts, gabel links, löffel rechts außen, dessertgabel und dessertlöffel oben, löffelspitze nach links, gabelspitze nach rechts, gläser rechts oben, serviette entweder auf den teller legen oder rechts gefaltet unter das besteck.

vinaigrette
das a & o für guten salat! z.b, senf-honig-dressing, himbeer-dressing, joghurt-dressing, etc.
immer im vorratsschrank braucht man dafür:

- crema di balsamico
- balsamicoessig, rot und weiß
- olivenöl (kürbiskernöl, walnussöl etc.)
- senf, orangensenf, honig
- tk-himbeeren
- kräutersalz
- pfeffer
- rohrohrzucker
- tk-kräuter
- joghurt
- knoblauch
- bunter bio-pfeffer aus der mühle
- kräutersalz
- weißwurstsenf (am besten händlmaier)
- bio-zitronensaft

rezept für vinaigrette
ca. 4 el olivenöl (od. anderes), 2 el balsamicoessig, 30 ml wasser oder kalte brühe, 1 tl mittelscharfer/oder süßer/oder gemischter senf, etwas honig oder zucker, evtl. etwas orangensaft (oder frisch gepresste zitrone), salz, pfeffer. alles sehr gut verrühren, am besten mit mini-schneebesen! erst kurz vor dem servieren über den salat geben.

w wie ...

wasser

- in den meisten deutschen städten kann man wasser in guter qualität aus dem wasserhahn trinken und spart sich teures mineralwasser. es gibt auch praktische sodamaschinen, mit denen man getränke (auch mit geschmack) selbst herstellen kann (wasserqualität bei der stadtverwaltung erfragen! – ist auch wichtig für den härtegrad der waschmaschine und die entsprechend variierende menge waschpulver! → umweltschutz).
- wasserkocher und kaffeemaschinen regelmäßig entkalken! – je nach wasserhärte öfters!
- wenn der hersteller des gerätes es erlaubt, kann auch mit essigessenz entkalkt werden. achtung: manche neuere kaffeemaschinen können allerdings durch zitronensäure defekt werden. bei wasserkochern genügt in der regel essigessenz. das ist umweltfreundlich und effektiv. wasser nur leicht erhitzen, einwirken lassen, anschließend ausspülen.
- frischwasserreste in gießkanne umfüllen.
  blumen lieben abgekochtes wassser.
- orchideen besonders, aber auch alle anderen blumen lieben mineralwasserreste.
- denkt an eure blumen → regelmäßig gießen. fingertest der erde: trocken → gießen nicht vergessen: die meisten blumen wollen erst eine trockene erde, bevor sie wieder gegossen werden. manche dürfen nie ganz austrocknen. andere wiederum vertragen keine staunässe. bitte gärtner fragen!!!

x wie ...

ni-x

- nix schmeckt besser als was selbstgemachtes
- nix ist schöner als mit freunden essen
- nix geht über bio-zutaten
- nix vergessen beim einkaufen! liste schreiben!
- nix ist sicherer als unumgängliche küchentipps beachten!

y wie ...

youtube

viele praktische beispiele, oft sogar detaillierte videos rund ums kochen findet man im internet bei youtube.

yin und yang

entspannt sein ist beim kochen alles!

z wie ...

zu guter letzt

zu guter letzt sei gesagt: die besten tipps bekommt man von mama, papa, oma und opa, von guten und besten freunden und erfahrung macht den besten koch. aber auch experimente und kleine eigenkreationen machen spaß ... es sei verraten, dass ich (die autorin) eigentlich nie was abschmecke, damit ich mich beim essen dann selbst überraschen lassen kann ... :)
nachwürzen kann man immer noch.

zeichenerklärung

tk	tiefkühlware, z.b. streufähige kräuter, beeren etc.
bio	aus kontrolliert biologischem anbau
el	esslöffel
tl	teelöffel
msp	messerspitze
p	päckchen / paket
l	liter
ml	milliliter (10 ml = 10 g = 2 tl)
btl	beutel
b	becher
kg	kilogramm
g	gramm

ökologischer gedanke

„gerichte und gedichte – kochen mit kunst & poesie" ist dem ökologischen gedanken der erd-charta (erd-charta nordbayern e.v.) gewidmet. insbesondere den artikeln:

- *2/V die ganzheit der ökosysteme der erde schützen und wiederherstellen, vor allem die biologische vielfalt und die natürlichen prozesse, die das leben erhalten.*
- *2/VII produktion, konsum und reproduktion so gestalten, dass sie die erneuerungskräfte der erde, die menschenrechte und das gemeinwohl sichern.*
- *4/XV alle lebewesen rücksichtsvoll und mit achtung behandeln.*

zitat aus „die erd-charta", seite 16
weitere informationen unter www.erdcharta.de

moose & britta und mit ihnen die autorin empfehlen deshalb herzlich, beim regionalen metzger und bäcker, beim bioladen oder auf dem biohof einzukaufen und gastronomie zu bevorzugen, die auf regionale produkte setzt.

regional: wir kaufen beim metzger und bäcker unseres vertrauens, beim bioladen oder biohof.

saisonal: am gesündesten lebt man mit dem genuss jahreszeitlicher lebensmittel, die vor ort schonend angepflanzt und geerntet werden.

slow food: langsam und mit achtung vor natürlichen prozessen werden rohstoffe und nahrungsmittel erzeugt. die kultur des genussvollen essens und trinkens wird gepflegt (slow food = weltweite non-profit-vereinigung von bewussten genießern und mündigen konsumenten).

bio (= biologische landwirtschaft): wir achten beim einkauf auf das deutsche biosiegel (grünes sechseck), auf das europäische bio-siegel (grünes blatt mit 12 weißen sternen) und auf die produkte verschiedener zertifizierter öko-anbieter (z.b. demeter, bioland, alnatura).

sponsoren

wir danken folgenden firmen für die freundliche unterstützung des kochbuches:

- **metzgerei hottner**, marktplatz 7, amberg, (regional, saisonal)
- **metzgerei lindner**, steinhofgasse 9, amberg (slow food, regional)
- **metzgerei greß**, mosacherweg 8, amberg (regional, hausgemacht, bester apfelstrudel von der oma)
- **bäckerei schuller**, kleinraigering 44, amberg (regional, saftigster nuss-spitzwecken zur hochzeit)
- **café zentral**, marktplatz 6, amberg (regional, saisonal, hier speisen moose und britta gerne aushäusig)
- **richard schweiger gemüsebau**, hinterberg 4, pettendorf (hofladen, wochenmärkte)
- **augustin – frische naturkost**, marienstraße 6, amberg (bioprodukte)

moose und britta sichern ihre finanzielle zukunft bei der **sparkasse amberg-sulzbach**.
sie vertrauen **muv**, millies + voges, versicherungs- und finanzmakler gmbh.
kunst und schmuckdesign gibt es in der **hausgalerie aschach**, heiligenberg 35, freudenberg-aschach
blumen ambiente, marienstraße 39, amberg, bindet den brautstrauß
und ihre trauringe und schmuck finden sie bei **argento**, ledererergasse 3, amberg, und wörthstraße 3, weiden.

impressum

danke

danke der jungen künstlerin isabella przybilla, meiner geliebten und geschätzten tochter, aus deren feder der verliebte elch moose entsprungen ist. dank gebührt auch anja sippl, die bei der bildgestaltung ausschlaggebend mitwirkte und nie den glauben an „gerichte und gedichte" verlor. danke allen freunden und ausstellungsbesuchern, die immer wieder nach dem erscheinen des buches fragten und das projekt mit ihrer begeisterung vorangetrieben haben. danke fabian baumgartner für wunderbare ideen bei der umsetzung des buches. danke andreas kreuzer (fotos/bilder) und daniela hottner (fotos/autorin). dankeschön an petra stenger für das lektorat. besonderer dank an oma lisbeth, opa hermann, frau helm, beate, dieter und gabi in den marken, tommi, petra, laura und all die netten menschen, die ihre lieblingsrezepte herausgerückt haben. danke allen sponsoren. vielen dank wolfgang benkhardt für die verlagsbegleitung. danke moose & britta.

hinweis

die in diesem kochbuch beschriebenen rezepte sind erprobte kochrezepte der autorin oder deren oberpfälzer freunden und bekannten. die rezepte wurden bei vielen gemütlichen essen oder feiern von den essern und gästen für sehr schmackhaft befunden. die rezepte sind nach bestem wissen und gewissen aufgeschrieben. dennoch übernehmen weder die autorin noch der verlag irgendeine haftung für schäden jeglicher art, die direkt oder indirekt aus der anwendung oder verwertung der angaben zu den rezepten entstehen. die üblichen haushaltsbezogenen vorkenntnisse werden vorausgesetzt. ebenso wird vor den üblichen möglichen unfallgefahren im haushalt gewarnt. hygiene und vorsicht mit haushaltsgeräten werden vorausgesetzt.

vervielfältigung

food fotografie

seite 13, © brent hofacker / fotolia.com; seite 17, © printemps / fotolia.com; seite 21, © brent hofacker / fotolia.com; seite 29, © christian fischer / fotolia.com; seite 33, © hetizia / fotolia.com; seite 37, © al62 / fotolia.com; seite 41, © hlphoto / fotolia.com; seite 49, © pilipphoto / fotolia.com; seite 53/1, © bernd jürgens / fotolia.com; seite 53/2, © tanja / fotolia.com; seite 53/3, © sarsmis / fotolia.com